时尚品牌终端视觉营销

任 力 著

ZHEJIANG UNIVERSITY PRESS
浙江大学出版社

图书在版编目（CIP）数据

时尚品牌终端视觉营销/任力著. — 杭州 ：浙江大学出版社，2015.6（2019.2重印）
ISBN 978-7-308-14803-0

Ⅰ. ①时… Ⅱ. ①任… Ⅲ. ①品牌营销 Ⅳ. ①F713.50

中国版本图书馆CIP数据核字(2015)第133116号

时尚品牌终端视觉营销
任　力　著

责任编辑　王元新
封面设计　刘依群
出版发行　浙江大学出版社
（杭州市天目山路148号　邮政编码　310007）
（网址：http://www.zjupress.com）
排　　版　杭州林智广告有限公司
印　　刷　浙江新华数码印务有限公司
开　　本　710mm×1000mm　1/16
印　　张　16.75
字　　数　256千
版 印 次　2015年6月第1版　2019年2月第3次印刷
书　　号　ISBN 978-7-308-14803-0
定　　价　49.00元

前 言

品牌的终端展示陈列是其时尚风格的重要表达途径，所谓“天下见其人而知其韵”。要想精准地表达时尚品牌的理念与产品风格的主题、快速冲击消费者感观、提升终端店铺的销售业绩，视觉的作用举足轻重。

长期以来，人们经常将店铺陈列归为空间设计的范畴。大部分关于店铺陈列的书籍也都将重点放到诸如橱窗陈列、照明运用、模特及道具摆放等方面，更多地从技术与艺术角度诠释时尚品牌的店铺陈列。它们往往忽略了一个重要问题——店铺的营销诉求。比如库存有 2000 件服装的快销店铺和库存只有 300 件的买手店铺的陈列标准与方法是有本质不同的。因为店铺不仅是单纯的展示空间，而且是卖场，是零售终端。视觉营销（visual merchandising）理论最早产生于 20 世纪中叶的欧美国家，它们将店铺陈列与产品企划和品牌营销结合于一体，从品牌定位与运营模式等角度来研究分析陈列的方法与手段，达到促进销售的目的。追求视觉美感和营销能力是视觉营销的关键点，两者缺一不可。在如今的商业社会，视觉美感大多是为营销目标服务的，需要带来收益；即使不能产生直接收益，也要有利于品牌的文化传播。因此，抛开品牌的商业目标而单独讨论纯粹的展示艺术显然是不合理的。

此外，不同类型的营销模式与市场定位下的陈列方法互有交叉，并不是泾渭分明的。各种陈列手段的组合与配置的选择应有针对性地服务于上述模式和定位。也就是说，不同类型的终端店铺陈列有其内在规律和原则，但陈列手段与方法可以相互借鉴，灵活组合。

本书从当前热门的奢侈品牌、街头潮牌、当代品牌等不同的定位出发，结合买手模式、快时尚模式、临时店铺模式等多种运营手段，挖掘市场消费习惯、产品生命周期、流行趋势，辅以案例分析，有针对性地研究并总结时尚品牌终端陈列过程中如何选择主题、平衡产品结构、控制库存、促进销售，从而达到营销目标的理论和方法。本书从运营模式和市场定位角度出发细分陈列要素，同时对国际上通用的营销模式加以分类，辅以最新的店铺照片，其中大部分是本人在美国纽约州立大学时装技术学院（FIT）交流期间，对当地时尚品牌进行市场调研并拍摄整理的一手资料。这些资料可以帮助阅读者在理性了解服装市场运营规律的前提下，感性掌握具体的陈列要素和手段，运用理性管理感性的工作，达到全方位地开展视觉营销目的。

最后，感谢本人的良师益友——美国纽约州立大学时装技术学院（FIT）资深教授 Robert Shultz，他为本书的出版提供了很多帮助。

任　力

2015 年 5 月

第1章

服装视觉营销

第2章

奢侈品店铺陈列:追求“贵、精、奢、艺”

目 录

CONTENTS

目录 CONTENTS

CONTENTS

CONTENTS

第1章
服装视觉营销

Fashion brand

Fashion brand

服装是一种特殊的商品，除了价格、款式、销售季节等零售属性外，还具有很强的社会属性，代表着文明与艺术，彰显穿着者的生活态度。服装产业主要由生产、批发和零售三个环节构成。零售是服装产业链中最后一环，也是最重要的一环。零售环节是服装品牌与终端消费者的直接交流，它是通过产品本身、终端服务和视觉陈列展示等手段实现的。服装陈列作为产品和品牌信息传递的重要手段，发挥的作用越来越重要。这种信息交流的终极目标是引发特定目标消费群体的共鸣，从而为企业创造更大的经济价值。

在服装零售产业中，店铺终端陈列是视觉营销的重要环节。视觉营销（visual merchandising）一般理解为：利用色彩、图像、文字等造成的冲击力吸引潜在顾客的关注，增加产品和店铺的吸引力，从而达到品牌推广与提升营销业绩的目的。视觉营销将产品信息、品牌市场定位、服务理念和品牌内涵，通过其LOGO、色彩、宣传图片、广告、店堂、橱窗、陈列等外在视觉展现系统，包括品牌专卖店形象的建立、店堂空间的设计、销售气氛的营造、产品展示搭配设计、橱窗设计等展示与陈列手段，实现与消费者的有机沟通。视觉营销是卖场终端设计系统的有效策略，从而诠释了目标消费群体的消费概念和精神理念，进而达到促进商品销售、树立品牌形象的目的。因此，视觉营销是卖场终端的设计系统的最有效策略之一。

1.1 视觉营销的发展历程

1.1.1 视觉营销的起源

现代意义上的视觉营销于20世纪初开始出现。为了招徕生意，店主在早期的店铺橱窗里已不摆放商品，而将插有花卉的大花瓶放置于天鹅绒织品构成的背景前做装饰。当时的商人已经懂得通过陈列和装饰橱窗来提升店铺的吸引力，达到提高销售的目的。那时，这些简单的陈列工作常常由店主兼任，而不会去聘任专业人员，可他们基本上没有什么艺术修养，同时也缺乏营销理论。他们凭的只是简单的销售心理和获利动机，只是将橱窗里面的陈列物品摆放得干净、整洁。

那个时期的服装陈列只不过是在桌子上进行简单的摆放，只能算是展示的初级阶段。但随着玻璃时代的到来，服装零售商逐渐引入玻璃展柜，店家开始将出售的衣服摆放在干净明亮的玻璃货柜内，服装展示从此焕然一新。随着现代服装产业的萌芽与发展，服装零售商们越来越重视店铺橱窗展示技巧的运用，不断提升销售氛围的打造。

第一次世界大战后，现代艺术设计与商业的结合愈发紧密，并在店铺陈列和产品展示上得到体现。橱窗陈列的手段与技术不断推陈出新，对美感与想象力的追求为零售业发展带来了新的动力。19 世纪 30 年代现代视觉营销理论得以发展，当时的橱窗陈列形式展现了那个年代特有的艺术表现形式——超现实主义。与现代的视觉营销理念相比，那时的展示并未成功诠释品牌的内涵，只是让行人驻足欣赏，最多是达到了引人入店的目的。

第二次世界大战前，西方发达的资本主义国家已经出现了专业的陈列师，这对橱窗陈列的技术与理论的发展起了巨大的推动作用，也为现代视觉营销理论的出现奠定了基础。第二次世界大战之后，西方国家尤其是美国迎来了现代工业的爆发性发展阶段，服装产业进一步发展。零售商们开始聘请专业的艺术家、陈列师设计自己的橱窗，并有意识地组建专门的陈列团队，雇佣有艺术背景、懂设计和装潢、懂销售的专业型人才。他们在陈列作品中嵌入构思新颖的艺术形式，使得展示更具有吸引力，同时又具有实用价值。此时，零售商们在重视展示技巧的同时，越来越重视对品牌的诠释，为了吸引各种各样的顾客，他们将舞台的创意设计搬到了橱窗展示中。比较系统的视觉营销概念逐渐成形。

20 世纪 80 年代，随着社会的进步和经济的繁荣发展，陈列展示逐渐演变成一门极具创造性和商业价值的跨界艺术，其包含的内容以及起到的作用已远远超过传统的“陈列”范畴。服装陈列设计由单纯的展示技巧提升为视觉营销系统。转变的关键在于开始从品牌的角度设计展示对象，从营销策略和品牌拓展的角度来把握展示陈列艺术。从此，现代的服装视觉营销开始用理性思维管理感性认识，用商业法则支撑艺术创意。如今，服装陈列已成为企业中的一个重要岗位，视觉营销已发展成为现代营销手段中的一个重要组成部分，整个视觉营销体系在品牌推广和商品销售过程中起着举足轻重的作用。

1.1.2 视觉营销的发展现状

在当今欧洲时尚产业发达的国家，服装企业对视觉营销模式的应用已经十分广泛。不论是传统的实体零售品牌或是互联网概念下的虚拟品牌，它们都强烈地意识到，视觉营销在营销系统中占据重要地位。例如，瑞典的快时尚品牌 H&M 近年来推出了很多子品牌，如 COS、&other stories 等，这些品牌的产品门类更加宽广，风格更加多元化和年轻化，每一个系列都有其针对的细分市场（如图 1-1 所示）。不过它们有一个重要的共同点，就是它们都十分重视视觉营销。因为随着全球服装消费群的年轻化与时尚化，消费者对产品的多样性要求越来越大，他们不愿意被某一类档次、单一类型或单一品种模式的商品束缚，消费者更希望体验不同类型终端陈列带来的惊喜，希望能带着“淘宝”的欣喜心情完成自己的购物之旅。

图1-1 H&M旗下子品牌&other stories店铺终端陈列的多元化效果

这类品牌的终端卖场陈列也会定期更换视觉主题，让消费者时刻保持对品牌的新鲜感，勾起顾客的好奇心，促进销售。

在美国服装企业中，视觉营销一直是一个独立的部门。在纽约这样的时装中心，有大量专门从事陈列展示道具和辅助装饰制作的公司，它们为各大百货商场和品牌专卖店提供设计和制作服务。在纽约、洛杉矶和旧金山等服装产业发达的城市中，每年都会举办以视觉营销为主题的展会、交易会以及研讨会，由各陈列设计公司和服装品牌公司发布最新视觉营销资讯。目前，在欧美国家电子商务模式日益普及，O2O 模式大行其道，在这样的产业背景下，实体店铺的品牌概念店和体验店作用回归，成为迅速建立企业形象、推动品牌快速发展的可靠渠道。

21 世纪初，随着我国对外贸易的发展以及国际时尚品牌不断入驻国内市场，视觉营销的概念和运营模式也随之传入。目前，随着国内各服装行业产品的同质化现象不断严重，品牌之间的竞争也不断加剧，视觉营销观念的引入有助于国内服装品牌建立具有个性化和识别性的品牌风格。与此同时，企业迫切需要运用视觉营销的手段来提高销售利润、扩大品牌影响力和树立品牌形象，并与国际接轨，与国际品牌竞争。随着视觉营销在国内的发展，我国服装品牌的经营模式与世界一流的服饰品牌正在不断靠近。尽管视觉营销的实施在国内还存在各种各样的问题，但国内视觉营销体系的发展势不可挡，这为中国服装企业推行现代化的营销策略打下了坚实的基础。

1.1.3　视觉营销的内容

视觉营销的主要目的就是在终端店铺中体现和提升品牌形象，塑造品牌风格，强化品牌内涵，使消费者对品牌留下深刻的印象。因此，服装企业需要利用视觉营销策略在终端店铺中建立与消费者的链接窗口，树立独特的、个性的形象与其他品牌进行区分。视觉营销的核心是通过对终端店铺进行陈列与展示，使店铺形象得到最佳的视觉效果，来吸引、感染消费者，并达成消费者的购买行为，更深层次传达品牌的文化及内涵。

从广义上讲，视觉营销的内容包括了企业 CIS（企业形象识别系统）的所有内容。在实际操作中，视觉营销主要包括以下几个内容。

1．终端店铺的橱窗展示

店铺的外观是消费者对品牌认知的第一要素，这不仅包括店面的设计风格、品牌 logo 的设计使用，还包括店铺所处的地理位置，店铺周围的环境等。

2．店铺内部陈列

陈列设计包括终端卖场陈列要素设计以及产品的搭配设计。在终端店铺中，如何有技巧地将产品与卖场气氛有效融合，就是陈列师需要考虑的问题。

3．产品

视觉营销的核心还是围绕着产品来展开。如何更好地将产品展示在顾客眼前，就是视觉营销的目的所在。产品得不到消费者的认同，其他针对产品所做的一切品牌形象的塑造，也就没有了意义，因为消费者最终是针对产品产生消费行为的。

4. 环境氛围

卖场环境的塑造体现在艺术性、生活性、时尚性上。基于生活方式的营销，在环境的设计上就比较具有针对性。卖场环境的设计代表了该品牌的定位和内涵。

5. 店员及服务

店铺销售人员是消费者除产品之外接触最深入的人，在店员与顾客的沟通过程中，他们的言谈举止都代表着企业和品牌的形象。因此，店员的专业技能、综合素养、仪容仪表等都要有专业的培训管理。对店员的筛选和培训也是视觉营销的一个组成部分。

卖场的服务多是通过顾客的体验感知的。这里的服务不仅仅指店员对待顾客的服务，还包括店里规划的休息区、娱乐区营造出的温馨舒适的气氛，在这些细节中，往往会流露出品牌的文化及诉求。

而狭义的视觉营销是针对终端店铺的陈列设计来进行分析研究的，如图1-2所示。视觉营销中的店铺展示陈列设计，包括了空间规划、灯光、色彩、道具展具、橱窗等陈列基本要素。本研究主要通过对终端卖场的陈列设计要素进行研究，来分析视觉营销在服装品牌中的运用与实践。

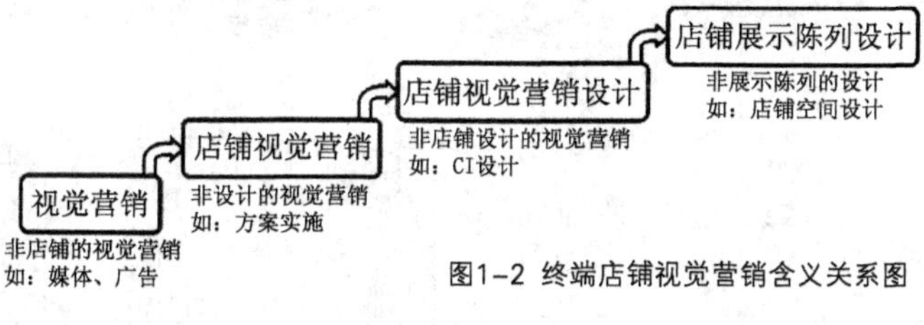

图1-2 终端店铺视觉营销含义关系图

1.2 终端店铺视觉营销的作用

当代视觉营销理论主要是针对不同类型的店铺，将陈列设计与品牌营销做关联性的探讨与研究。陈列设计是功能与艺术、艺术与时尚品牌营销的结合体，是服装设计师设计理念的空间延续，用以营造品牌整体购物的氛围，创造时尚品牌营销的奇迹。

我国服装市场竞争日益激烈，品牌的形象意识越来越强。与此同时，海外服装企业大鳄与著名品牌大量涌入，顾客对服装的要求、对品牌的认识、对流行的追求都在与日俱增。消费者在购物时已经把欣赏商品的搭配、创意重组、灯光色彩等作为一种享受贯穿在购物过程中。这种体验可以加深品牌认知，刺激购物，使服装企业利润最大化。店铺陈列是实现品牌与消费者的沟通，向他们准确传达产品风格、设计理念、品牌文化的艺术语言，诠释品牌文化，提升美誉度的桥梁；是达到树立品牌形象、促进销售目的重要手段。

1.2.1 功能、艺术、品牌营销的结合

服装陈列是一门综合性学科，是通过对产品、橱窗、货架、通道、模特、灯光、色彩、音乐、POP 海报等一系列服装展示设计元素进行有目的、有组织的科学规划，把商品和品牌的物质与精神传达给受众的创造性意识活动，从而达到促进产品销售、提升品牌形象的一种视觉传达艺术，是服装终端销售场所最有效的营销手段，如图 1–3 所示。

图1–3 德国运动品牌ADIDAS旗舰店的陈列体现了运动与艺术的完美结合

终端店铺的展示与陈列设计不仅服务于服装业，还涉及其他门类的零售业以及房地产、广告、餐饮等行业。可以说，只要这个世界有商品存在，商品的展示与陈列设计就必然存在。视觉营销是新型商业经营时代的重要标志，是通过商业体现时尚气息、人文进步的一种表现方式，更是商家们对待竞争的一种更高级的手段。

1.2.2 服装设计理念的空间延续

服装陈列是服装设计师设计理念的空间延续。陈列设计师通过极具个性的橱窗设计、展台设计、卖场陈列设计以及对终端卖场通道进行规划，对产品进行精美装扮，对灯光、POP 海报、色彩等细节组成部分精心设计，使顾客对产品发生兴趣，加深消费者对品牌的印象，从而产生购买欲望。陈列的商业目的是提升品牌的整体形象和销售的最大化，展示企业形象。店铺的视觉营销人员要有很强的色彩的协调能力，活跃的思维方式和丰富的创意思路。在陈列展示商品时，视觉营销人员要了解品牌的经营理念，系统、全面地运用陈列设计知识。

图1-4 美国买手制百货商场Bloomingdale's橱窗展示的Material Girl品牌产品

图 1–4 所示为美国著名的买手制百货商场布鲁明代尔（Blooming-dale's）橱窗展示的麦当娜与该商场合作的品牌 Material Girl（物质女孩）的新一季产品。该品牌的设计定位是年轻、时尚、狂放不羁的少女。当季产品开发中使用了当时流行的层叠、破洞、做旧和不对称风格，也使用了麦当娜的标志性服饰——渔网袜的元素。该橱窗产品展示充分地体现了上述的设计要素：背景的做旧字体，模特服装尽量显示搭配出随意和反叛的效果，特别是背景的铁丝网装饰，既和服饰中的渔网效果呼应，又能体现品牌的风格定位，很好地完成对了时尚流行趋势主题的分析和提炼。

1.2.3 营造品牌整体购物氛围

终端店铺的空间展示与产品陈列所传递的视觉形象给顾客的直观感觉十分重要，好的展示空间像磁场一样强烈地吸引顾客。相反，如果它单调、平淡，就很难引起顾客的关注；如果它只有外在形式而缺乏内涵，顾客同样不会记住这个品牌。因此，一个出色的陈列空间，需要根据目标客户群的偏好营造氛围情调，这样不仅能吸引顾客的注意力，还能让顾客在店内长久停留，感受其中的韵味和品牌的文化。

1. 从销售的角度来营造品牌整体购物的氛围

服装陈列就是把服装商品信息直接传递给顾客，使商品更加易看、易懂、易试、易买。也就是说，通过商品陈列，可以把商品的卖点用直接、有效、受众群体能接受的方式介绍给顾客，使顾客加深对商品的印象与理解。具体的陈列方法大致为：综合陈列法、季节陈列法、节日陈列法、主题陈列法、特写陈列法、场景陈列法、艺术性陈列法。

在服装陈列时，无论采用何种规划，都要让消费者容易接触到服装，方便购买，并有一种美的享受。品牌的陈列不是一成不变的，要经常变化，给消费者常变常新的感觉，不断吸引消费者的注意力，创造最佳的销售效果。

2. 从艺术的角度来营造品牌整体购物的氛围

服装首先是依靠视觉传达的产品。艺术设计与服装的视觉展示有着很深的渊源。特别对高端定位的品牌来讲，终端店铺的空间布局与展示效果应更富有艺术感染力，灯光光影、色彩搭配、材质构成等方面体现品牌的独一无二和与众不同。

（1）照明设计

人们习惯于把视线投向明亮的区域，这是人类的本能。色彩也是由于光的照射才能显示出流光溢彩的美丽。为了让顾客自然地进入陈列空间，照明度的差异与节奏十分重要，优秀的灯光布局可以使商品增加无形的魅力，吸引顾客视线，不同的灯光会对人的视觉和心理产生不同影响，从而左右顾客的购物情绪。

（2）色彩是陈列设计的核心要素

较之服装的款式、面料而言，色彩更容易成为顾客的关注中心。每个品牌针对各个季节的产品都有不同的色彩方案，将商品在陈列空间中进行色彩的再次设计是服装陈列的重要程序和内容。不同的色彩配置可以产生不同的色彩印象，运用这种色彩配置的差异性和灵活性，可定期进行陈列设计方案实施的调整，经常改变陈列空间的形象感觉，保持销售空间的新鲜状态、刺激消费。色彩引起人们的不同情感：在运动、休闲类的品牌中常采用红、橙、黄色等刺激性强、给人以兴奋感的颜色；在职业装等的卖场中采用蓝、青、紫等刺激弱、给人以沉静感的颜色。纯度、明度高的色彩给人以华丽感；纯度、明度低的色彩给人以朴素感，根据不同的产品定位在卖场设计中加以区别。

（3）营造层次感

在进行终端店铺的空间设计时，高低展柜、收银台、模特台、饰品架等道具间的组合都应有层次感。产品摆放位置的规划、产品的出样、顾客的行动路线的设定，都是空间规划设计时应该仔细考虑的问题。一个层次感丰富的店铺展示，可以使顾客在店铺中不知不觉地停留更长时间，增加成交的概率。而且还可以让顾客根据预先设计的路线浏览不同的产品，达到导购和促销的目的。

（4）巧借音响功能渲染店内气氛

为了引起顾客对陈列主题和商品内容的共鸣，增强顾客对品牌的理解，提高顾客的浏览兴趣，减轻购物的疲劳，很多终端卖场都通过播放音乐来增强氛围的渲染。音乐虽然不属于视觉营销的部分，但在调节店铺氛围、激发购买情绪、控制其购物节奏方面与其他视觉营销手段一起加强了展示与销售的效果，制造与烘托了陈列所需要的特定气氛。此外，店内还完全可以通过播放产品视频或者企业形象短片，增加顾客体验维度，增强终端展示的动感。

3. 从消费心理角度来营造品牌整体购物的氛围

零售空间是商家接待顾客的地方，按照功能划分为新品展示区、打折促销区、休息区、收银台、试衣间、仓库等。空间的规划本着方便顾客挑选、欣赏、试衣、交款以及方便店员提供服务和管理商品的原则，在不影响商品区、展示区面积的基础上，尽量做到整洁、宽敞、通畅，给人以愉快的感受。为体现出现代商业的人性化，大多数的品牌都为顾客设置了休息区，有的品牌甚至在休息区、收银区也设置商品展示，不动声色地进行销售。

总之，服装陈列的核心内容是品牌基因DNA，是产品形象，是视觉传达的吸引力。它通过艺术的手段、商业的手法，很好地诠释商品的艺术风格、审美定位及流行特征，使消费者看到栩栩如生的形象，从而引起消费者的兴趣。它是功能与艺术、艺术与品牌营销的结合体，更是一种生活方式、生活理念和价值观的完整体现。

1.3 终端店铺视觉营销方法与基本原则

店铺陈列是视觉营销的一个重要组成部分，它涵盖了营销学、心理学、视觉艺术、人体工程学等多门学科知识，是一门综合性的学科，是品牌形象建设的重要手段，也是终端卖场提升销售业绩有效的营销手段之一。陈列设计的目的在于通过产品、橱窗、货架、模特、灯光、音乐、POP海报、通道的科学规划，促进产品销售，提升品牌形象。作为品牌的陈列师，对于艺术、技术、营销原理等各方面的知识均要有全面的了解和掌握。一名优秀的店铺陈列人员需要拥有全面的能力与素质。陈列师的主要职责有：

（1）橱窗设计——与产品设计营销策略共同规划，制订方案；

（2）店面调整——以销售业绩为核心的全方位调整；

（3）新款投放——保证每一件商品陈列的标准化和权威性；

（4）专业培训——组织管理陈列团队的有效手段。

1.3.1 陈列方法

终端店铺陈列方法可分为六大类：（1）对比陈列法，明暗颜色的搭配，形成鲜明的对比，具有较强的吸引力和震撼力，给人较深的印象；（2）对称陈列法，适用于货品数量较多时，给人以安全感、平衡感；（3）层次陈列法，将货品按照颜色或规格做间隔排列，追求一种层次感；（4）分类陈列法，按照一定的等级类别，进行最多不超过三次的划分，是相对集中的一种陈列方式；（5）主题陈列法，结合特定的活动或节日作为主题，将货品陈列与该主题相关联的一种方式，这种方法往往顺势而为，容易适应大众心理，带动销售气氛；（6）季节陈列法，根据气候、季节变化，把应季货品集中起来进行即时陈列，符合顾客消费心理习惯。

服装终端视觉营销实践中应注意以下几个常见问题：

1. 预先设置卖场动线和通道

动线是顾客在卖场内行走频率最高的一条路线。该路线一方面取决于卖场的面积大小和区域分布（特别是商场内店铺）；另一方面可以通过陈列师对卖场的规划来引导顾客通行。例如，通过设置中岛或展示台等道具来决定或影响卖场动线，从而引导顾客走过或绕过某个特定区域。终端店铺的面积大小不同，主、副通道的设定标准也不同（见表1-1）。

表1-1 服装零售终端卖场动线通道宽度设定标准 （单位：厘米）

	最小	标准	最大
主通道	75 ~ 90	120 ~ 150	180
副通道	60 ~ 75	90 ~ 120	120

2. 陈列目的明确

终端店铺陈列必须遵守商业目标最大化的原则。另外，陈列工作的重要依据就是销售数据。一般可将以下情况作为陈列依据：（1）节假日陈列；（2）店庆陈列；（3）新款上市陈列；（4）倾销库存陈列；（5）促销陈列；（6）

天气变化陈列；（7）转季陈列。

3．陈列道具的重要作用

终端店铺的陈列道具像文艺表演的舞台道具一样，对于所展示的服饰起到烘托和渲染气氛的作用。陈列道具作为展示服饰的载体，也是展示的一部分，值得重视。一般常用的陈列道具有：货架、模特人台、POP广告画、品牌LOGO、灯饰及照明、主题背景墙，以及沙发、花瓶、门帘等软装道具。

4．陈列工作程序合理

通常来讲，终端店铺的陈列工作程序分为五步，分别为：（1）设计动线与通道；（2）划分类别区域；（3）参考销售数据；（4）设定区域内主打色及主打产品（一般来说，整个店铺的主打色不应超过5个，一个区域的主打色不应超过3个）；（5）画陈列场区效果图。

1.3.2 陈列原则

终端店铺陈列应该依据季节、气候、销售趋势或活动推广内容，及时、有目的地调整；从全局着手，注重整体美，力求做到形象鲜明、款式集中、主题突出、具有强烈的主体和层次感；从美学角度合理运用色彩搭配，做到和谐统一。

1．促进顾客购买的陈列原则

（1）注重陈列的关联性；

（2）让顾客容易接触货品；

（3）充分利用有效陈列范围；

（4）合理利用黄金地带；

（5）横向和纵向陈列。

2．"点衣成金"的陈列原则

这个原则在买手模式的终端店铺陈列中使用最多。买手将不同品牌以及不同风格的产品集合在一起，通过重新确定主题、规划陈列区域、设计道具等手段将原有产品风格进行转换，甚至将一些过时的、滞销的产品重新组合和规划，赋予其新的生命，达到"变废为宝"、"点衣成金"的效果。

3. 不喧宾夺主原则

店铺陈列时背景不要太醒目，不要使用撞色，以免抢去店铺的主角——服装产品的风头。注意使用与展示货品同系的色调或明度较暗的背景色，以起到烘托的作用。此外，陈列师要学会巧用 POP（Point of Purchase）卖场广告画这个“不说话的导购”。POP 展示得好，不仅可以增添店铺的色彩质感，更重要的是可以推介主打款式，往往 POP 上的款式都很有可能成为最后的畅销款。

4. 橱窗展示原则

橱窗展示作为视觉营销的一种重要表现形式，通过终端店铺的窗口，将品牌与产品的形象设计直接传递给消费者，体现品牌的定位及风格。因此，零售终端的橱窗展示，无论对店铺短期销售，还是品牌的长期维护与发展都起到极其重要的作用。具体作用如下。

（1）展示当季的主打产品系列；

（2）体现品牌的潮流及风格；

（3）展示未来的流行趋势；

（4）体现季节、气候的变化；

（5）宣传品牌的促销活动；

（6）体现品牌的系列化。

橱窗展示的道具包括展架、模特、背景、灯光、POP 宣传画，以及用于塑造层次感的背景设计、营造图画气氛的配件等。橱窗展示的基本原则为成套化、系列化、方便化、个性及多样化、概念化。

此外，橱窗展示时应保持空间内部的卫生，橱窗内所展示的货品应熨烫平整、洁净；应根据销售目标、气候变化及库存情况及时调整橱窗内的陈列品；橱窗的明亮度和美感度要具有强烈的吸引力。

1.3.3 色彩运用

1. 色彩的三要素

色彩的三要素分别指色相、明度和纯度。色相指颜色的相貌；明度指颜色的明暗程度；纯度指颜色的鲜艳程度。

2. 色彩的分类

（1）冷暖感：冷色（绿色、蓝色、紫色）；暖色（红色、橙色、黄色）；中性色（黑色、白色、灰色、卡其色）。

（2）轻重感：由明度决定，明度高越轻；反之则越重。

（3）远近感：由纯度决定，纯度高的近，纯度低的远。

3. 色彩搭配基本法则

（1）同类色搭配

深浅、明暗不同的两种统一类颜色相配，显得亲和高雅。如：青 + 天蓝；墨绿 + 浅绿；咖啡 + 米色。

（2）近似色搭配

两个比较接近的颜色相配，显得柔和。如：红 + 橙红；红 + 紫红；黄色 + 草绿色；黄色 + 橙黄色。

（3）冷暖色搭配

冷暖色搭配形成强烈对比的效果，运动风格和波普艺术风格的店铺陈列中常常使用。如：黄色 + 紫色；红色 + 青绿色。

（4）相对色搭配

相对色搭配同样能形成对比强烈的效果。如：红色 + 绿色；橙色 + 蓝色；黄色 + 紫色。

4. 色彩的季节性

（1）春季

在春季常常使用柔和明媚感觉的色彩，明亮、柔和的颜色也适合，如代表初春桃花、樱花的粉红色，代表骄阳的淡黄色，代表嫩叶的浅绿色。

（2）夏季

对比强烈的配色比较符合夏季特点。应调和明度、彩度皆较高的色彩，也可以冷色系为主，如水蓝、绿色等；白色和米色也是夏季常用的色彩。

（3）秋季

在秋高气爽、果实成熟的秋季，比较适用稳重、色感丰富的色彩，不同层次、轻重的米黄色代表着枯草和落叶，更加深厚的咖啡色、茶色系代表着土地，还有紫红、鲜绿都是不错的选择。

（4）冬季

寒冷的季节最好使用暖色系，此外彩度低的颜色也较多使用；有时为强调重点也会使用纯色来增添效果。

1.3.4 产品摆放

1. 产品陈列的叠装摆放原则

（1）同季、同类和同系列的货品陈列在同一区域内；

（2）尺码应由上到下从小到大（S—M—L—XL）依次摆放；

（3）颜色由上到下、由前到后、从浅到深依次摆放；

（4）两叠货品间距为 10 ~ 15 厘米为宜；

（5）吊牌不要露出，应放在衣服内；

（6）经常调换货品陈列位置，防止滞销，同时也使顾客有新鲜感，感觉有新款；

（7）将因款式或颜色的畅销货品放置在黄金地段(即易看见、易拿处)；

（8）当某款缺色时，可用类似款同色货品垫在下面暂时替代；

（9）保持叠装的整齐、美观、平直。

2. 产品陈列的挂装摆放原则

（1）正挂的目的是以服装的款式及搭配来吸引顾客的注意；

（2）一般挂 3 ~ 5 件，4 件为宜；

（3）货品之间的距离应在 3 ~ 6 厘米为宜；

（4）尺码应从前到后、由小到大依次排列；

（5）侧挂的目的是以颜色的明暗程度变化和款式层次变化来吸引顾客注意；

（6）同一系列款式的货品陈列在一起；

（7）颜色应从前到后，由浅到深依次排列；

（8）最后一件衣服要面向顾客；

（9）面料及款式的薄厚、长短，一般是从前到后、从薄到厚、从短到长依次排列。

1.4 小　结

服装行业一直是个充满机遇与挑战的行业，随着竞争的不断加剧，企业对品牌终端的建设已经成为品牌的核心竞争优势之一。成功的服装企业纷纷建立属于自己的、完整的视觉营销体系，将店铺的终端形象进行有针对性的统一规划，以求构建和谐统一的品牌形象。但是，仍有很多企业在设计和应用视觉营销后并没有达到预想中的成效——同质化的陈列设计、单一效果的氛围营造、模式化的橱窗场景布置以及不够人性化的细节陈列都是现阶段服装企业运用视觉营销时容易出现的问题。当前的服装陈列书籍中大多是从技术和美学角度对展示空间、货架摆放、灯光、模特以及道具的使用进行阐述，但是忽略了品牌运营模式和市场定位在其中起的关键作用。

服装品牌的不同定位造成了品牌在消费者选择、消费习惯、运营模式、产品生命周期、流行趋势、选择主题、产品结构、促销活动等方面的不同，这些对终端店铺选址以及视觉营销也产生了影响。比如库存有2000件产品的快销店铺与库存只有300件的买手精品店铺在陈列展示的方法上有着本质不同。需要说明的是：不同类型的营销模式或市场定位下的陈列手段方法会有交叉，并非泾渭分明，但是各种陈列手段组合的配置使用应该是有针对性地为上述模式和定位服务的。也就是说，具体陈列的手段和方法可以有相互借鉴，但是综合来看，不同类型的店铺陈列是有其内在规律的。

本书从不同类型品牌的运营模式与市场定位角度出发，细分陈列要素，同时将国际上通用的营销模式加以分类，辅以最新的店铺照片，使阅读者在理性了解服装市场运营规律的前提下感性地掌握具体的陈列要素和手段。运用理性管理感性的工作，达到视觉营销的目的。所以本书的意义就是通过使用大量国外一手资料，从市场细分和当今主要服装品牌运营模式分类出发来进行具体研究和分析。

第2章
奢侈品店铺陈列：追求“贵、精、奢、艺”

Fashion brand

Fashion brand

2.1 奢侈品品牌概述

奢侈品（luxury），又称为非生活必需品，是超出人们生存与发展所必需的，具有独特性和稀缺性特点的商品。从经济学角度讲，奢侈品是价值/品质关系比值最高的商品；从另外一个角度上看，奢侈品也是无形价值/有形价值关系比值最高的商品。奢侈品消费是一种高档消费行为。查尔斯莱得曾说：奢侈品是专门提供给金字塔顶端消费者使用的商品或服务，只有那些金字塔顶端的5%左右的消费者负担得起。“奢侈”的概念是相对的，不同个体在不同社会、不同时代，对于奢侈概念的判断相差很大。

今天的奢侈品包括很多品类，主要有：高级定制时装、高级成衣；服饰、鞋包、珠宝、腕表；化妆品、香水；葡萄酒；酒店、旅游；家具、家纺、餐具瓷器；豪华汽车、私人飞机等。

奢侈品的定位在很大程度上是从形象、产品和服务三方面体现的，而它们的特征也可以从这些角度加以总结。具体说，奢侈品主要具备了以下几个特征。

1. 出众的形象

从某种角度来讲，打造奢侈品品牌的过程更像一个“形象工程”。工程中包括了产品设计、广告宣传，以及外包装等多个环节。而店铺形象更是由于综合了产品、广告和包装等众多要素于一身，成为奢侈品品牌们倾力打造的重点，是奢侈品品牌缔造品牌形象的有效形式之一（如图 2-1 所示）。

2. 卓越的品质

奢侈品往往代表着该类别所有产品中的最高水准，消费者很难再找到更好的产品。深入人心的奢侈品的品质与其形象和价格是相匹配的，否则就很难生存。而像定制西装、礼服也因为它们包括了产品原材料的挑选、顶级设计师的设计和精湛的手工制作工艺等元素，成为奢侈品的代名词。

图2-1 世界著名奢侈品品牌爱马仕（Hermès）出众的店铺形象

3. 高昂的价格

奢侈品高昂的价格背后，包含了很多组成要素，如品牌价值、渠道费用、原材料等。其中品牌价值部分占据了其零售价格的一大半，而产品原材料与加工成本所占比例却很低（见图 2-2）。这是奢侈品运营模式与其他普

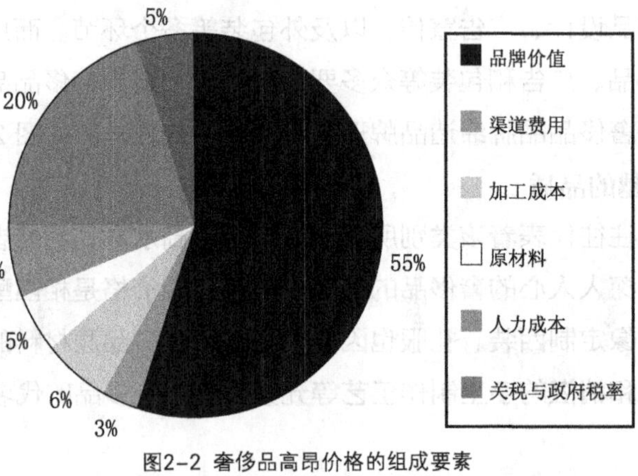

图2-2 奢侈品高昂价格的组成要素

通品牌运营模式之间的主要差别。从价格定位来看，奢侈品注定只能让一小部分消费者接受，令大多数消费者望而却步。奢侈品价格通常很稳定，不会轻易打折，以免影响消费者心里的价值感知。甚至，有的奢侈品品牌还要每年涨价。

4. 稀缺性

物以稀为贵。由于独特的材料、工艺以及人为制造的产量限制，导致奢侈品具有稀缺性。奢侈品在推广时的诉求也是使消费者对其产生有钱也未必买得到的优越感，以此来彰显拥有者的至尊性。稀有性使得奢侈品对于许多人而言是可望而不可即的，也由此让人产生憧憬与神秘感。

5. 独特的设计

奢侈品都是由国际知名设计师亲手设计的，往往风格独特、注重细节。奢侈品与众不同，引领时尚，很容易与其他产品区别开来。人们购买奢侈品的一个主要原因便是彰显其个性，塑造独特的风格。商家正是把握了这种心理，博得消费者的认同，让消费者愿意出更高的价格来消费。

6. 品牌附加值高

消费者购买奢侈品，不仅是出于对产品本身的喜爱，更看重品牌带来的附加价值。如果仅是为了满足日常基本生活需求，则没有必要支付那么高昂的代价。任何一种奢侈品，其产品制作成本在整个价格中所占比例都相当小。奢侈品消费更多的是满足人们在精神上的高层次追求。从某种意义上看，奢侈品卖的不是产品本身，而是产品所富含的能够给予消费者的各种情感需求。

奢侈品是能够给人带来舒适美好的体验的，是小部分人拥有、大部分人向往的，是具有“精、贵、奢、艺”特征的非生活必需品。奢侈品的优秀品质并不局限在产品本身的质量上，而是体现在与产品相关的各个方面：从挑剔的原材料选择、精心的设计、精细的做工，到细致的产品包装，甚至专卖店考究的陈列、训练有素的员工以及整洁的店面。每一处细节都是对奢侈品行业所推崇的工匠主义精神与悠久的品牌历史的完美演绎。

2.2 奢侈品店铺必备的硬件要素

2.2.1 选　址

店铺是零售品牌必备的硬件要素。奢侈品店铺选址的首要原则是要能代表品牌形象。都市中繁华的商业中心、黄金地段、顶级办公楼或高星级酒店的大堂都是其备选的场所。其次是交通便利，以便吸引足够多的目标人群来购买奢侈品。此外，位置要突出而醒目，容易让消费者发现并进来购物。奢侈品品牌一般喜欢集中开店，常常占据购物中心和高级写字楼一层的黄金位置。因为单独一个品牌身单力孤，不便于消费者挑选、比较。通过集聚效应可以吸引更多消费者的关注。奢侈品品牌需要超大的空间来实现终端视觉形象的传递，昼夜明亮的临街巨大橱窗、超大型液晶显示屏幕、巨幅户外硬海报等都是其必备的硬件要素（见图 2-3、图 2-4）。

图2-3 Louis Vuitton杭州大厦店

图2-4 Prada上海环贸广场店

2.2.2 建筑的艺术感

很多奢侈品牌不仅注重店铺内部装修——内部空间往往安静而空旷；还追求店铺外在建筑的艺术感，以营造属于自身品牌的独一无二的整体形象。奢侈品牌往往喜爱简洁有品位、个性而不张扬的现代奢华风格建筑，让徜徉于其中的顾客无论消费与否都能感受到购物环境带来的心理优越感。大部分的奢侈品品牌都以低调、简洁的现代奢华为营造品牌的尊贵感，但是它们的建筑和陈列都依然拥有自己的品牌风格和特色。不管是现代奢华的、经典传统的，还是简洁优雅的，每一个奢侈品品牌都在诠释着自己的陈列特色。

1. 经典传统

如图 2–5、图 2–6 所示，NINA RICCI 门面和橱窗设计延用一如既往的优雅风格，和其服装的设计风格相吻合。乳白色的大理石墙壁设计成各式各样的形状，如同半敞开的大门一样，隐约可看到店内的陈列设计。高贵的模特身穿优雅的服装，简单的动作和姿势展现出品牌的独特之处。浅灰色的橱窗外沿设计干净整洁，乳白色的品牌名醒目地标注在上面，人们一眼望去就能看到。

图2–5 NINA RICCI门面和橱窗设计图（1）

2–6 NINA RICCI门面和橱窗设计图（2）

2. 简洁优雅

作为全球时尚中心的美国洛杉矶罗伯逊大街（Robertson street）是奢侈品品牌店铺汇集的地方，引领着世界的时尚潮流。这里有个店铺像一只“白色的大盒子”，设计非常独特，它是经典奢侈品牌香奈儿（CHANEL）的店铺（见图 2–7 至图 2–10）。店铺的设计师 Peter Marino 根据这家老牌时装屋的要求突出其简洁优雅的风格内涵，将位于此地的一栋 20 世纪 60 年代的木结构楼房用泥灰覆盖，形成了店铺独特的外部形象。在店铺内部根据院中本身的四棵大藤树建立了一个 100 多平方米的庭院。庭院的墙面上，从楼上

图2–7 CHANEL位于洛杉矶罗伯逊大街的店铺门头

图2–8 CHANEL位于洛杉矶罗伯逊大街店铺的内部庭院（1）

图2–9 CHANEL位于洛杉矶罗伯逊大街的店铺外立面

到楼下有很多个窗口，其中一些是开着的，从而强化中庭的感觉。当顾客从外向里观看时，当季精美的服装服饰品都精巧地摆放在白色的背景中，安静且雅致。

图2-10　CHANEL位于洛杉矶罗伯逊大街店铺的内部庭院（2）

2.2.3　橱窗：店铺的灵魂

时尚高雅的橱窗展示已成为现代都市的一道独有风景。在时尚业发达的欧美国家，一直以来都有橱窗购物（window-shopping）的传统。橱窗购物在欧洲很普遍——经常能见到下班途中、饭后散步，甚至遛狗的人们流连在橱窗之外，欣赏橱窗中的精美商品。为了迎合这种购物方式，商家在橱窗展示上绞尽脑汁，不仅对货品的摆放斟酌再三，而且每件货品的旁边都会有包括价格签在内的商品信息。如果顾客在浏览橱窗时喜欢上某件商品，可以直接进入店铺指出自己喜欢的商品，节省时间。

然而在我国，受传统文化的影响，在店铺外流连驻足欣赏橱窗的行为甚至被认为是不礼貌的。因而中国的很多店家并不重视店面的展示或者橱窗的设计，更不会把价格签摆到橱窗里，店主更希望顾客进到店里和自己讨价还价。但对于奢侈品品牌来讲，橱窗是展示品牌特征、内涵的最佳场所，它们往往花大价钱请知名设计师来设计，使橱窗充满了艺术感和创新性，不再是简单的产品展示了。

奢侈品品牌的橱窗设计经常用很大的空间展示很少的产品，以体现品牌的尊贵和产品的稀缺性。当顾客身处这些奢侈品店铺的橱窗外时，他们不会受到店内环境的约束，也不会受到销售人员上下环顾的目光审视，没有内心强烈的购物动机驱使，而是单纯地驻足欣赏眼前的精美商品，完全是一种艺术上的享受。

奢侈品店铺橱窗的设计主题要以品牌风格定位为基础，其展示方案是提前设计好的，并在全球各个连锁店橱窗内同时实施。也就是说，该品牌在世界各地的橱窗几乎是一模一样的。看似充满幻想的奢侈品橱窗设计并不是随意摆放展示的，它们集中体现了品牌的品位，是品牌文化的传承，是对品牌故事的宣讲。

1. 突出奢侈品品牌主题

奢侈品橱窗主题一般主要有两类。

（1）品牌历史与文化类主题

奢侈品品牌橱窗展示时常将品牌的历史与内涵作为主题。例如路易·威登（Louis Vuitton）的橱窗常常使用“旅行”概念的主题。由于大多奢侈品店都扎堆开在同一地域或商业区，因此顾客发现在一字排开的街道上，各个品牌店铺借助其门口的橱窗来展示自己的与众不同与个性，如知性浪漫的迪奥（Dior）、性感的Gucci、高贵典雅的华伦天奴（VALENTINO）等。这种展示像是一种暗自较量的橱窗展览，也像是一个硬碰硬的擂台赛。这类橱窗展示对于深入传播品牌文化与内涵，以及吸引适合自己的顾客大有好处，也是奢侈品市场营销的第一步。

（2）当前的流行趋势主题

最新的流行趋势也常被奢侈品品牌用作橱窗展示的特色主题。橱窗可以展示品牌的当季主打单品，或是品牌最新一季的主推风格；有时也会将几个主打单品搭配在一起，以整体的风格呈现在顾客面前。运用橱窗展示手段推广品牌新一季的时尚主题，可以展现品牌的主推颜色、单品、搭配以及品牌的整体风格。整个橱窗就像一幅生动的三维立体海报，让行走的路人在不知不觉中对品牌形成更深的了解和认识，逐渐完成了顾客对品牌从熟悉，到了解，再到喜爱的心理过程。

对那些对某个品牌已经很了解的顾客来讲，根据时尚潮流更换橱窗主题，可以让他们进一步熟悉品牌的风格定位，识别新一季的主打流行元素。例如，某品牌上一季在橱窗主推镂空与透视的设计，而近期开始在橱窗更换有流行苗头的蕾丝和绣花设计，这种变化向老顾客们传递了一个信号：流行在改变，请关注我们的最新产品！

橱窗展示设计在奢侈品品牌店铺中是至关重要的，因为它是展示顶级品牌的形象窗口，是整个服装卖场艺术主题的缩影，同时它是最能表达品牌情感与时尚的场所。相比其他类型的服装品牌，如何让进入店铺的消费者觉得产品的确是独一无二的艺术品，是奢侈品店铺的橱窗设计所需要考虑的。其实顾客所期盼的不是购买奢侈品那顶级的面料技术本身，而是其背后百年来积淀品牌文化。对于奢侈品品牌目标消费者而言，对其独特的、深厚的品牌文化的认同与追求，是沉醉于该品牌的前提，橱窗展示正是对品牌文化的直观体现。橱窗的创意手法有很多，奢侈品的橱窗更是将花样玩到极致。

2. 烘托情景

所谓情景陈列，情，即感情、故事；景，即场景、氛围。如图 2–11 和图 2–12 所示，纽约麦迪逊大街上 Coach 品牌旗舰店的圣诞节日橱窗里，多彩的品牌配饰在圣诞节白色背景下更加引人注目，纯白的麋鹿和羽毛搭建的圣诞树显得整个橱窗干净又精致。

皮具是 Coach 品牌的特色产品，也是圣诞节时期的畅销产品。品牌在橱窗中特意通过丰满的背景搭建烘托出浓烈的节日氛围，又利用麋鹿身上的

图2–11 纽约麦迪逊大街Coach品牌旗舰店圣诞节橱窗

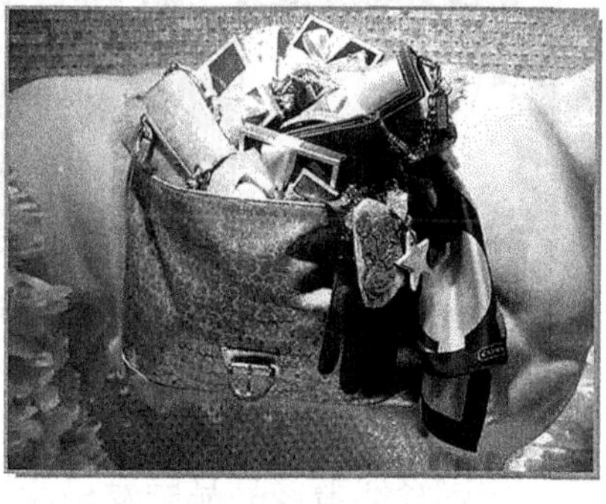

图2–12 纽约麦迪逊大街Coach旗舰店圣诞节橱窗产品细节展示

各色配件装点了整个橱窗，同时突出了产品的细节。

3. 表达寓意与联想

高超的橱窗陈列设计往往利用某一环境、某一情节、某一产品、某一图形或者某一人物的形态与情态，唤起顾客的联想，产生心灵上的沟通与共鸣，从而达到传达品牌文化、突出产品特点的目的。奢侈品牌则更愿意“故弄玄虚”，显示自己的“阳春白雪”。它们常常在橱窗中使用平面的、立体的、色彩的抽象几何道具来表达某种寓意与联想，或者将生活中完全不搭的物质、完全不同的形态和情形“强加”在一起，引起人们的联想与心理共鸣。如图 2-13 所示，美国纽约第五大道 Bergdorf Goodman 百货商场橱窗内夸张的展示给人带来了无限的联想，抽象的形态加强了人们对商品个性内涵的感受，不仅创造出一种崭新的视觉空间感，还为店铺增加了强烈的时代气息。

图2-13 美国纽约第五大道Bergdorf Goodman百货商场橱窗设计

法国经典奢侈品品牌爱马仕（Hermès）在巴黎旗舰店曾做过一个“只有白色的城市”的主题橱窗展示（见图 2-14）。当时正好是在夏季，巴黎的天气舒适宜人。橱窗模仿窗外的蓝天白云，仿佛连城市都是白色的——白色的围墙、白色的大楼、白色的吉他，包包、服装、配饰都是白色。这一橱窗设计从细节入手，让人产生无限的联想，勾人魂魄，很容易将人带入品牌所要表达的意境。可见，Hermès 擅长描述人文主题的橱窗设计是名不虚传的。

图2-14 奢侈品品牌Hermès巴黎旗舰店“只有白色的城市”橱窗

4. 追求奇异夸张的效果

为了给人以新颖奇特的心理感受，奢侈品的橱窗经常使用奇异、夸张的设计手法。具体方式是通过无厘头的情节设计，把某种需要突出的事物，无限延伸到漫画式的程度。这是一种非常规的手法，或风趣幽默、充满情趣，或天马行空、耐人寻味。总之，通过这种手法达到既出乎意料、又在情理之中的艺术效果（见图 2-15）。

图2-15 奢侈品品牌Lanvin创意橱窗陈列设计

如图 2–15 所示，法国奢侈品品牌 Lanvin 的橱窗设计看上去简洁，但充满独特的创意。设计师以“面具”作为设计元素，简单的人脸面具被放大，再通过人物的动作，加上相框道具的装饰，一个活灵活现的模特展示就呈现在眼前。通过非常规的手法以及不同形状的金色相框演绎出奇异夸张的情景故事，凸显出品牌时尚前卫的潮流触角以及卓尔不群的个性。

5. 演绎生活方式

橱窗陈列不仅传递流行时尚，还折射着社会生活方式。虽然橱窗展示是以商品本身为卖点的，但是借助生活方式场景的烘托，可以将品牌的风格、流行的见解以及品牌推崇的生活理念表达出来。具有生活化的、别具匠心的主题陈列设计，让看似平凡的模特展示传递出独具特色的品牌附加值。

如图 2–16 所示，意大利奢侈品品牌 Dolce&Gabbana 橱窗设计称得上是奢华与高贵的结合。为了更好地在正面重点展示西装的穿着效果，避免容易出现的呆板和生硬，在道具上也采用了印有复古图案的木质车轮，勾勒出

图2–16 Dolce&Gabbana橱窗中的生活方式背景

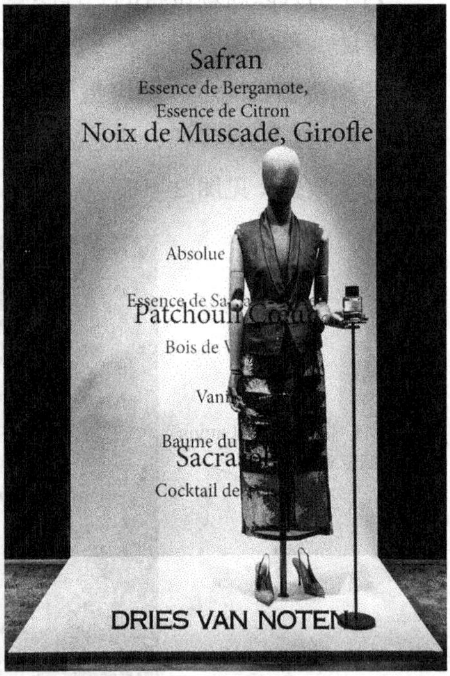

图2–17 DRIES VAN NOTEN的橱窗设计

一种别具意大利风情的奢华复古的生活场景，配合了品牌的形象。同时，车轮上的花纹也正好与服装上的纹样呼应，形成了一个让人回味无穷的奢华复古纹样主题的视觉平面。

如图 2–17 所示，以民族风格见长的比利时设计师品牌 DRIES VAN NOTEN 利用有限的橱窗空间，用简约的视觉效果演绎着一种高雅的生活方式。香水象征着身份、地位和高品质的生活，用香水作为道具和服装一同展示向消费者传达了一种奢华享受的生活状态。

奢侈品品牌店铺除了专卖店形式外，也有很多是以百货商场或者 Shopping Mall 内的店中店形式出现的。这些以买手模式运营的商场聚集了买手们挑选的各类品牌，但由于是店中店，因此展示空间与专卖店比相对要小很多。在这种情况下，奢侈品品牌们只能放弃那些气派而耗费空间的展示手段，更多地使用个性化和贴近顾客生活的展示方法。如图 2–18 所示，

图2–18 美国Bloomingdale's百货店内BURBERRY品牌展示还原了英伦街头场景

BURBERRY 在美国 Bloomingdale’s 百货店的陈列中，陈列师将颇具英伦特色的红色电话亭搬进店铺空间，再以直线或三角队形排列模特，完美地模仿了伦敦的街头场景；再配上地面上以及顶部的英国国旗，更好地凸显了品牌的英伦主题。

6. 案例——奢侈品品牌橱窗的制作

奢侈品品牌 BURBERRY 在橱窗展示时经常搭建一些非常生活化的场景。如图 2–19 所示，设计师计划用各种大小不同的礼品盒道具堆叠在一起来布置橱窗，并根据不同尺寸的橱窗设计了不同的陈列组合效果图。为了便于前期制作与后期在橱窗中使用，设计师设计出了 4 种不同规格的道具礼品盒，分别为 K、L、XL、XXL，并注明尺寸（见图 2–20）。

图2–19 BURBERRY橱窗展示设计效果

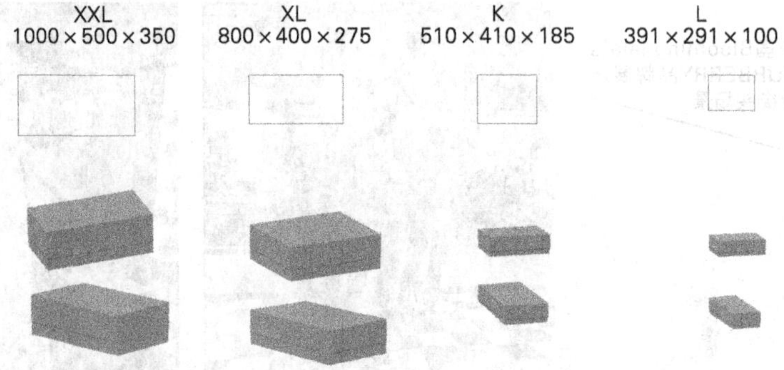

图2–20 BURBERRY橱窗展示需要的不同尺寸的盒子道具

2.2.4 视觉空间感

奢侈品品牌店铺在规划展示空间时，对空间大小、结构、照明等方面的要求与其他类型品牌有着显著的不同。奢侈品品牌的消费群体往往具备良好的教育背景，并有一定的社会地位，他们追求时尚，讲究生活品位，注重店面的规划与装饰以及个性化的服装展示，所以对奢侈品品牌店铺的空间大小有较高的要求。奢侈品品牌店铺的实体空间都很大，甚至是一栋楼，而摆放的产品却相对显得较少，并伴随着诸多与其品牌形象相符合的空间设计亮点。它们为了向目标消费群提供彰显尊贵感与人性化的服务，专门设计了足够宽敞与舒适的休闲区。有些品牌在店面展示时甚至使用富于体验化的卖场空间设计，更突出品牌独特的魅力。

位于香港中环附近的历山大厦是奢侈品品牌 Prada 的专卖店，总面积近千平方米，共两层。偌大的空间，摆放的产品数量有限，反而设置了宽大舒适的皮质沙发供顾客休息（见图 4-21 至图 4-25）。

图2-21 Prada香港历山大厦店铺外部造型图

2-22 Prada香港历山大厦二楼宽敞的空间

图2-23 Prada香港历山大厦店铺内部空间展示

图2-24 Prada香港历山大厦店铺内部宽敞的休息区

在实际生活中，奢侈品店铺空旷的空间布局容易给人以压力与束缚感。从某种意义上讲，它们的购物环境虽然美观舒适，但是并不那么轻松惬意。这种约束感源自哪里？首先是高价格，再有就是奢侈品店铺的环境。奢侈品店铺所在的商场都装修豪华，购物环境气派，售卖的商品价格不菲，因此这里的购物者相对较少，使得本来空间感十足的店铺更显空旷。这种使人望而生畏、不愿轻易踏入的购物环境其实也是奢侈品品牌的营销策略——营造一种距离感，凸显自身卓尔不群的定位。

可见，环境也是有性格的。从心理学来看，融入其中的人们会不由自主地从属于这种性格，为它所影响。奢侈品店铺的空间感可以赋予人们“权力”的感觉，比如古代皇帝坐在高高的宝座上，显示着九五至尊的威严。奢侈品店铺空间感十足，给人以拘束的感觉，让人无形之中注意自己的行为举止，以迎合品牌店的尊贵感觉。

奢侈品店铺不仅店面装修豪华，陈列的货品也很少，很多品牌会给每一件商品很大的展示空间。置身于奢侈品店铺，顾客仿佛不是在购物，而是在博物馆中欣赏一件件艺术品。

这样的店铺设计和商品展示是奢侈品品牌运营模式所必需的，因为它们需要这样近似艺术品的管理模式来体现品牌价值，使消费者对商家的尊贵感同身受，从而接受高昂的价格。相反，那些普通的服装店铺，为了吸引更多的顾客，在陈列上会故意凌乱一些，摆放的商品多一些，让顾客产生亲近的感觉，认为商品价格会相对便宜。如果店面装修太豪华，摆放太整齐，顾客反而会认为商品价格太贵而不愿意进来购买。可见，店铺的视觉效果在第一时间影响了顾客的选择。

2.3 追求“贵、精、奢、艺”

2.3.1 精简的设计

奢侈品店一般多建在经济繁华地带或者知名的商场中。相对于大众购物场所，这些高档购物场所客流量本来就会相对少些，而奢侈品店铺中摆放的货品以及橱窗陈列的物品则更加稀少，这样的场所经常会给消费者某种压力。当客流量小、店铺面积大、货品摆放稀少时，其空间感比较强烈，恰好赋予了产品本身一种尊贵感。从这个角度来讲，奢侈品的陈列和店铺的设计事实上更多地借鉴了艺术品展示的方式，给了每件产品以足够的空间，供人们欣赏。

1. 精简的陈列手法

精美、简约是奢侈品品牌一贯追求的视觉原则。同时，奢侈品本身的性质决定了其在陈列时不会像普通品牌那样追求“量”感，而是讲究“质”感。它们的产品款式少，SKU（stock keeping unit，库存量单位）数量也少，同时展示空间大，只有通过精简的设计与高档的道具材质，才能更好地体现品牌的高品质与服装的稀缺性。店铺陈列的基本方法和其他店铺一样，通常采取吊、挂、叠、摆等陈列手法展现。

如图 2–25、图 2–26 所示，意大利奢侈品品牌迦达（Giada）店铺不仅是一个静谧简约的时尚空间，更是一个低调奢华的展示厅。店内展示的道具极其精简，颜色少到不能再少，服装像一件件艺术品被独立地悬挂在精美的挂杆上，玻璃展柜中的配饰，就像古董一样静静地陈列在那里。品牌通过这样一幅精美高雅的视觉画面来迎接尊贵客人的光顾。

图2–25 迦达 (Giada) 上海梅龙镇店铺视觉设计（1）

图2–26 迦达 (Giada) 上海梅龙镇店铺视觉设计（2）

2. 重复出样 突出重点

奢侈品品牌店铺出样时，为了突出当季的主打产品常常使用重复陈列的方法，就是将同样的商品、装饰、POP 等陈列主体或标识、广告，在一定范围内或者不同的陈列面上重复出现，通过反复强调和暗示性的展示，加强顾客对服饰商品或品牌的视觉感受。重复展示方法适合奢侈品终端视觉营销，主要原因是：（1）解决了奢侈品品牌店内空间大、产品少的矛盾；（2）重复的展示加强了产品的视觉冲击力；（3）突出重点，聚焦奢侈品不凡的设计与高超的工艺。

在以奢华礼服见长的奢侈品品牌艾莉·萨博（ELIE SAAB）的店铺中，展架和挂杆数量很少，如图 2–27 所示。在线条简洁、轮廓清晰的挂杆上，使用重叠出样的方法悬挂着少量的款式，并用冲突的颜色搭配进一步加强视觉冲击力，如图 2–28 所示。艾莉·萨博的产品，一向都是以奢华高贵、优雅迷人而著称，尤其是高级定制的晚礼服，更以华丽风格取胜。这些产品常常运用丝绸闪缎、珠光面料以及带有独特花纹的雪纺和精细的刺绣。因此，整体店铺装修与展示都以简洁的手法营造清晰、干练的购物氛围，让顾客将注意力聚焦在这些独一无二的产品上，凸显该奢侈品品牌的独有设计理念（见图 2–29）。

图2–27 ELIE SAAB店铺陈列

图2-28 ELIE SAAB店铺挂杆的重复出样展示

图2-29 ELIE SAAB店铺的精简空间设计

2.3.2 精致的细节

不论是奢侈品品牌还是普通品牌，在视觉营销中都有一个共同点：创造有美感的视觉感知。这一点还需要结合品牌的文化定位以及营销策略。奢侈品行业的陈列标准除了要满足整体颜色、款式、风格、货品波段陈列等要求外，对展示细节的要求也很严格。奢侈品品牌往往对自己产品的品质十分有信心，甚至是引以为傲，认为高超的做工和高级的用料本身就是品牌的象征。而这些方面只有通过细节展示才能体现出来。

这一视觉营销手段十分符合奢侈品品牌的目标客户群追求精致生活品质的特点。例如，在终端店铺展示时，模仿精英人群的生活方式，甚至用上流社会家庭的衣橱缩影来引起顾客的共鸣。在陈列奢侈品时，首先呈现的是品牌的历史文化，再有就是目标客户群的生活方式，然后是细节的精准传达。专业的买家和顾客们看到了优雅尊贵的外在表现后，还要用高标准、高要求来检验品牌的内在。

奢侈品品牌不仅出售商品，更出售独具一格的心理体验。在竞争激励的市场中，成败常常取决于那些容易被忽视的细节。奢侈品品牌推崇格调至上，从橱窗中模特的姿态，到挂杆上服装陈列的疏密，再到叠装产品的宽度是否一致，都会影响终端的视觉形象。

打造奢侈品品牌的终端形象是一项巨大而繁复的工程，涉及的领域很多。坐落在意大利都灵的奥斯古（Osgood）奢侈品买手店在空间分布与内部细节设计方面都堪称完美。这家买手精品店主要售卖男士服装以及饰品，因此，在陈列展示上追求精致与理性的风格，店铺内的商品陈列如同艺术馆里的稀有珍宝。如图 2-30 所示，空间设计在保留了原有建筑空间框架的基础上加以利用改造，打造出一个区域分明、别具韵味的零售空间。如图 2-31 所示，室内装饰上则利用极简的形体、符号以及复古的家具色调勾勒出一个安静单纯的视觉环境。店内摆放的简约宽敞的书桌、精致的衣架，每个细节都营造出上流社会生活的气息。如图 2-32 所示，店内服装与服饰品的摆放貌似随意，但是充满细节处理，再利用灯光、道具色彩、服装搭配等手法，创造出了一个令人产生无限遐想，而又生活化的艺术空间。

图2-30 意大利Osgood奢侈品买手精品店空间设计

图2-31 意大利Osgood奢侈品买手精品店的静态展示设计

图2-32 意大利Osgood奢侈品买手精品店的货架及模特展示

2.3.3 奢华的道具

细节是魔鬼，奢侈品店铺陈列更不应放过任何细节。因此，展示道具的设计与使用常常是品牌展示其奢华与不凡风格的重要渠道。国内精品女装的代表品牌 EP 雅莹在北京华贸生活馆店铺的展示中充分体现这一点。如图 2−33、图 2−34 所示，店铺中从道具花瓶，到楼梯上的精美图案都彰显着品牌的 DNA 元素——牡丹花的造型，再加上美轮美奂的服装产品搭配与呼应，向顾客准确地传达了该品牌对高品质与高雅生活方式的追求。可见，貌似不起眼的展示道具设计也可以蕴含整个店铺的设计风格和理念，为整体视觉效果加分。

图2−33 EP雅莹北京华贸生活馆店铺的精美道具陈列

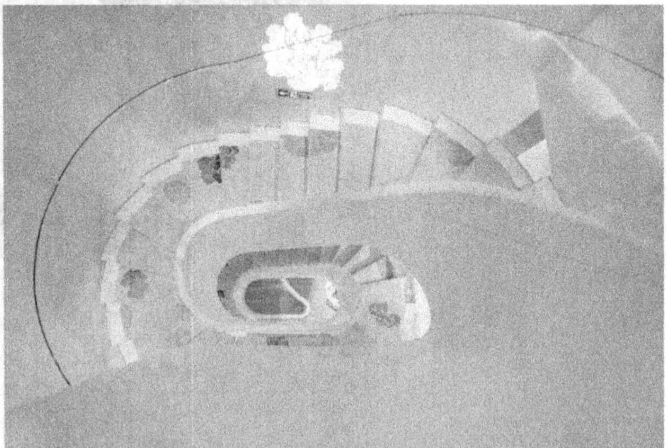

图2−34 EP雅莹北京华贸生活馆店铺的楼梯设计

奢侈品店铺的道具设计无时无刻不传递着为顾客提供尊贵服务的信息。美国本土奢侈品品牌 BCBG 的店铺陈列，巧妙地运用道具将当季产品的卖点烘托得淋漓尽致。如图 2-35 所示，专为这一陈列定制的、以高级酒店的行李车造型为灵感的展架陈列着服装和配饰，配以优雅地坐在行李箱上的模特，立刻营造出一种美国上流社会的女性在商旅中所享受到的尊贵感。

图2-35 美国奢侈品牌BCBG在Bloomingdale's店铺展示时的道具设计

在奢侈品店铺的陈列道具中，海报与 POP 的展示效果也是毋庸置疑的。它们如同一个个无言的销售人员，对进入店铺的顾客推荐着当季最新鲜的产品信息，同时渲染了购物环境，起到了活跃店铺气氛的作用（如图 2-36 所示）。

图2-36 英国奢侈品品牌BURBERRY店铺中陈列的大幅海报道具

2.3.4 主题艺术化

奢侈品品牌经常模仿一些艺术化的陈列手法，营造赏心悦目的购物环境。但是，确定艺术化风格的主题需要根据品牌形象以及店铺位置、商品设计、市场推广、目标客户的品位等来决定。主题一定要支持品牌形象。目标顾客被主题吸引，或许会告诉朋友相关信息。奢侈品店铺的主题设计多种多样，但是每一种主题的表现都透露出店铺的高贵、奢华和独一无二，打造不一样的店铺主题，让顾客体验不同的购物环境，给顾客留下深刻印象。

艺术化的展示主题设计通过合理选择和使用不同的颜色和材质来实现。某些奢侈品品牌店铺利用城市的坚硬元素，借用建筑、高楼或者其他结构的外观和感觉，或者人造硬质材料，如砖块、混凝土砖、沥青、钢铁、金属、玻璃、石头、抛光大理石和花岗岩石。男装店的店面可选用深色调，如黑色、灰色、银色和深棕色。此外，奢侈品品牌的零售环境可以通过建筑元素来体现主题设计，如墙面、天花板和门头。店铺门头的设计需要与室内的设计风格保持一致或选用同种材质的材料，这样才能平衡店内的环境设计。橱窗设计则需要增加视觉焦点、主题目标、特殊图案或者立体形状道具来体现品牌对艺术风格的追求。

店铺的艺术主题设计还要体现季节性，并考虑更换的方便，以便根据主题的更换随时拆除或增加。店铺陈列需要店内员工的大力支持及创意性的思考，如何将主题呈现在店铺里非常重要。店铺陈列不是仅仅将道具摆放在搁板上、地面上、陈列架上或是桌上，而是要合理地结合视觉需求，使空间物体的大小、形状、颜色、纹理、主旨和位置达到平衡。

1. 放大局部的特写陈列

特写陈列，即通过各种形式，采用烘托对比等手法，突出宣传一种服装。品牌在推出迎季新款服装时，常采用特写陈列的形式，如利用特殊光源照射或摆在明显的位置，突出重点服装。特写陈列也经常用于服装。如图2–37所示，在爱马仕（Hermès）橱窗展示中，设计师巧妙地运用白色灯光照明配合细竹搭建而成的陈列架，不仅凸显了方巾的图案设计，而且它所营造的光影效果避免了单一性。

图2–37 Hermès橱窗展示使用了特写陈列方法

服装的分类可以按品类、原料、用途、尺寸、色彩等进行，还可以按目标顾客的性别、年龄进行。同样的奢侈品品牌在分类陈列上显得更明确、更具体。

奢侈品品牌往往品类众多，店铺面积也比较大。因此，常常以形象墙或者门廊为隔断分出不同的产品区。例如，男装区、女装区和童装区，童装可再细分为婴童、小童、大童区等。很多品牌在以上主类产品区的边上会设立一些诸如丝巾这样的配饰产品陈列位置，促进连带销售。

如图 2–38 所示，路易 · 威登（Louis Vuitton）设立的丝巾类配件展示区，根据丝巾的薄厚、花型不同，进行分类陈列。利用或内嵌或外放的木质方形托柜陈列产品，或叠放于台面上，或系挂于墙面凸起的挂杆上，也可搭配局部模特道具进行展示。店铺将多种展示手法结合在一起，丰富了顾客的视觉体验。

2. 与建筑师的跨界合作

当下，越来越多奢侈品品牌与大名鼎鼎的建筑师合作——这是因为这对塑造品牌形象可以起到积极的正面影响，并且它能产生一种进入建筑师创作的创新推动。

奢侈品品牌 Prada 一直有着和全球著名建筑师合作的传统，Prada 东京旗舰店就是一场与时尚品牌与建筑师跨界打造的视觉盛宴。如图 2–39、图 2–40 所示，这栋建筑物犹如一块伫立在眼前的巨大水晶，外形新颖别致，极为醒目而特别，仿佛是一个奇妙的魔法世界，这也是现在日本拥有的最复杂结构的建筑物之一。店铺的幕墙由数以百计的菱形玻璃组成，产生虚幻透彻的特别视觉效果，菱形的玻璃幕墙设计更融入整座建筑物的设计中。人们可以从店外透视店内陈列的 Prada 服饰产品，顾客从店内则可以饱览店外的风景。建筑师按照 Prada 的要求，将店内的一部分空间留白不做任何装饰，营造出一种仿佛置身于欧洲广场的感觉。整个店铺展示凸显空间的层次感，营造一种现代艺术与时尚产品之间的和谐之美，成为 Prada 品牌超现实艺术风格的典范作品，为后来的很多品牌打造另类旗舰店拓展了思路，也为东京这座古老而又现代的城市平添了一抹浓烈的艺术色彩。

图2-38 Louis Vuitton丝巾展架陈列

图2-39 东京Prada旗舰店

图2-40 东京Prada旗舰店外观细部

2.4 未来发展趋势

2.4.1 突出色彩的运用特点

色彩是体现陈列细节与品牌理念的重要因素，是陈列设计的血液，它可以热情奔放，也可以冷艳高贵。当前，奢侈品品牌在终端陈列时，越来越多元化地使用色彩这一手段：小面积的色彩如音符般灵活跳跃，大面积的色彩则以其夸张的表现力瞬间吸引行人的目光。各个奢侈品品牌的店铺陈列色彩，都各具特色。色彩大师 VALENTINO 熟练地融合各种色彩来展现其系列产品；以狂野性感著称的 VERSACE 喜爱使用金色来表现品牌的性感张力。设计师在进行终端陈列时，首先要从色彩着手，这不仅体现了色彩的合理运用，同时也体现了服装品牌的设计理念和定位，充分发挥了色彩的视觉传达作用。

色彩因明度、色相、纯度和冷暖而变化，相互之间的对比调和效果更加绚丽多姿。在奢侈品品牌的陈列设计中，把色彩的表现力、视觉作用及心理影响充分发挥出来，给人以最美的视觉享受。

色彩的运用主要有以下几种方式。

首先，奢侈品品牌传承的基因中有一些色彩元素。例如香奈儿（CHANEL）的黑白色、VALENTINO 的红色、LANVIN 的蓝色、VERSACE 的金色。这些色彩都已成为品牌文化构成的重要组成部分，演绎着不朽的经典。因此，在这些品牌的陈列设计中其代表颜色往往会经常被使用。

其次，陈列的色彩会随时改变，与季节变化同步。夏季以高明度冷色调为主，给人清爽的感觉；春天以黄绿色等明灰色为基调，焕发勃勃生机；秋天是丰收的季节，天高气爽，气候宜人，自然界像染上了一层金黄，加上棕褐色、咖啡色、土黄色等搭配，给人秋天的联想；冬天既可以选用暖色来制造温暖热烈的气氛，也可以用白色来打造一个美丽的冰雪世界。

当然，国际上知名品牌的陈列师也是色彩搭配的高手，在陈列时，他们更注重挖掘产品本身的美感。在简单的语言中，感受色彩的绝妙组合。例如，在 VALENTINO 的陈列中，可能只有单纯的红、黑两色，但设计师在服装色彩面积和排列的选择上，却费尽心思，用色彩的变化制造节奏美。

如图 2-41 所示，法国奢侈品品牌纪梵希（GIVENCHY）在日本东京的旗舰店外立面使用大块条状铁板，保留它裸露的自然表面，覆盖优雅的铝质网眼和金色图案，配以 11 米高的玻璃幕墙。内部的系列空间由黑色大果栎作为醒目设计元素，暗示品牌经典的服饰包装盒。女装区域覆以卡拉考特大理石，如图 2-42 所示；而男装区域则用灰色火山石区分，如图 2-43 所示。

图2-41 GIVENCHY东京旗舰店外立面造型设计

图2-42 GIVENCHY东京旗舰店女装区域

图2-43 GIVENCHY东京旗舰店男装区域

2.4.2 趋向运动风、年轻化

奢侈品店铺陈列多以优雅、奢华、尊贵的形象出现在人们的视野中，时至今日，店铺开始采用新鲜元素来吸引年轻贵族的眼球，运动风、年轻化成为店铺陈列的新趋势。如图 2-44 至图 2-46 所示，香奈儿（CHANEL）将许多运动元素搬进了店铺中，例如健身房中出现的铁质储物柜、大大小小的哑铃，以及整个店铺营造的重金属感觉、模特身穿的香奈儿风格的运动装，又或者储物柜上挂着的运动鞋，每一个细节都体现着奢侈品店铺的年轻化。

图2-44 运动风格在CHANEL最新店铺展示中的应用

图2-45 CHANEL运动风店铺细节

图2-46 CHANEL运动风店铺细节应用

2.4.3 注重模特的组合

奢侈品品牌终端的橱窗设计、空间布置都蕴含着时尚潮流与品牌元素。

在店内以及橱窗里的空间使用时，模特道具的选择与展示作用不可小觑。模特的组合不仅有助于诠释橱窗的设计主题，也有利于突出产品的优势所在。此外，模特道具本身的设计与创新常常直接蕴含了品牌想要传递的设计理念，如图 2-47 所示。

图2-47 橱窗中的模特陈列

再有，模特姿态的选择和组合搭配也有助于调节奢侈品品牌终端卖场的时尚氛围，增强产品的展示效果。如图 2-48 所示，在意大利奢侈品品牌 MAXMARA 店铺中，为了更好地推荐一款白色针织衫，品牌使用了坐姿模特展示，还在展台上叠放了同样的产品做呼应。坐姿模特 + 展台叠装 + 周边的盆栽和画册，使顾客既能一目了然地了解到品牌所推荐产品的详细信息，同时感受到轻松随意的购物体验。

奢侈品店铺的模特组合陈列以更加立体生动的方式来增强该区域的视觉冲击力，并引导和整合该区域的产品，从而提升产品系列概念。而模特的搭配组合需要考虑主题故事、主题颜色、色彩搭配、款式组合、模特的组合方式、细节处理等原则。

模特组合搭配首先要表现完整统一的主题故事。其次，主题颜色的选取需要考虑的因素有很多，要根据同款不同色的服装、不同系列的服装以及模

图2-48 MAXMARA WEEKENG店铺陈列

特的数量来选择主题颜色。而在色彩搭配上，要注意颜色的呼应（几个模特同色系的服装或者配饰搭配来将整组模特紧密地联系在一起），凸显本季主题色，并达到整组色彩的平衡。当然，颜色的呼应也可以是模特穿着的服装上的某个细节和另外的服装颜色的呼应。款式的搭配可以通过穿着方式（单穿、套穿、系穿、肩披）和服装的长短（上短下长、里长外短，等等）搭配来组合。

模特的组合方式有：（1）三角构成，利用三角形的摆放方式将各个物体集中在一个平面内，达到视觉的稳定和错落感；（2）重复构成，同一种产品重复展示，增强记忆；（3）左右非对称构成，用颜色的深浅不对称打破展示整体的平衡，制造出左右两组模特体积大小不同的视觉效果，吸引消费者；（4）集中构成，重点展示某主题或某款式的服装特色等。

最后，还应考虑模特展示的细节处理，例如服装是披穿还是套穿等细节问题。

如图 2–49、图 2–50 所示，在 EP 雅莹的 Showroom 空间中，模特组合陈列服装的色彩以蓝色为主要基调，或深或浅，并搭配其他颜色形成一个色彩上的平衡。同样，款式也是在大型相似的情况下，在领子、肩膀、袖口以及服装的长短方面来进行陈列搭配。

图2–49 EP雅莹Showroom空间的模特组合陈列

图2–50 陈列模特

2.4.4　低调的奢华

当前，随着一部分奢侈品消费群的消费观念变得日益成熟，“低调的奢华”成为奢侈品品牌转型的新方向。它们不再盲目追求金碧辉煌的购物环境与闪闪发光的品牌 LOGO，而是越来越看重品牌的历史文化与产品的品质与工艺。奢侈品品牌的“去 LOGO 化”风潮正在全球范围内上演。

提起低调的奢华，不能不提的是意大利顶级奢侈品品牌葆蝶家（Bottega Veneta）。Bottega Veneta 体现了意大利最为传统的皮革工匠主义精神，几十年来以精湛工艺、创新设计、实用功能及优质素材为宗旨，秉承极富美感和个人风格的品牌基因，为奢华创造了一套新定义——“低调的奢华”。Bottega Veneta 是当今世界顶级的尊贵品牌之一，产品也由最初的皮包扩展至服装、高级珠宝、眼镜、香水、家具及家居用品等不同领域。Bottega Veneta 的时装美学是含蓄细致、低调内敛、优雅自信，完全拒绝浮夸矫饰。

目前，Bottega Veneta 零售店铺已经遍及全球各地。和其他奢侈品品牌不同的是，这些店铺从内到外的视觉设计都是由品牌服装设计师 Tomas Maier 亲自设计完成的，使得产品与展示环境形成完整的一体，力求让每位顾客在终端获得一个完全的、尊贵舒适的购物体验。值得一提的是，Bottega Veneta 设计生产的家居产品线，如沙发、桌椅、床上用品等，也在店铺中同步出售。不论是服装服饰产品，还是家居、家纺产品，都与店铺的装修与陈列形成完美的统一，体现了 Bottega Veneta 品牌独有的传统和卓越的质量，如图 2-51 所示。

图2-51 Bottega Veneta店铺内部展示效果

如图 2-52 所示，Bottega Veneta 在米兰高级时装区核心地带开设专卖店。该店铺的外立面造型的硬件要素非常符合品牌的历史感以及低调奢华的设计宗旨。醒目的沿街选址、店铺外部的欧式建筑艺术感、超大的双层展示空间、明亮的灯光、明显的 LOGO 设计、多个入口和橱窗展示，都显示出品牌低调的奢华感。店铺内部展示着 Bottega Veneta 品牌的全线产品。

图2-52 米兰Bottega Veneta专卖店外立面造型

图 2-53 所示为 Bottega Veneta 品牌在美国纽约曼哈顿 67 街的男士专卖店。该店开放式的橱窗设计拉近了顾客与店铺的关系：一名男模特穿着西装坐在皮质沙发上，另一名则拿着皮质钱包闲致地站立着。店铺利用模特穿着不同款式的服装和道具反映了他们高贵的生活品质和雅致的生活状态。全面体现了品牌低调而精致的产品特色。

图2-53 Bottega Veneta纽约曼哈顿67街店铺展示局部

如 2-54 所示，店铺内部使用桃木展台、手工玻璃橱窗以及带有皮套的门柄，各个细节都做了精心设计，体现了品牌对于卓越和艺术的执着坚持。

此外，店铺内部所有用具的材质与面料都很讲究。覆盖了麂皮的墙壁、安哥拉山羊毛制的家具及经过特别染色处理的新西兰纯羊毛地毯；柔和静谧的米白和浅黄褐色调营造出亲切、雅致而又舒适的气氛。店铺按产品进行了分区，各个区域内均有模特悠闲地或坐或站，体现该品牌在不同的场合下的着装风貌。在店铺中央设置了休息区，放置黑色皮质沙发，既起到装饰作用，又可以供顾客休息。

图2-54 Bottega Veneta纽约曼哈顿67街店铺空间展示

如图 2-55 所示，店铺中的产品出样采用吊、挂、叠、摆等基本的陈列手法，甚至有的独立空间只摆设两三套服装或者单个配饰。顾客可以清晰地观察到服装的款式，而服装的款式几乎都不同，重复的最多控制在 2 ~ 3 套，店铺内部没有过多的装饰，主要还是通过店铺和产品本身的品质凸显奢华感。

图2-55 Bottega Veneta纽约曼哈顿67街店铺产品展示

总之，奢侈品品牌的终端店铺既是卖场，也是秀场。除了秀出极尽奢华的商品，更要懂得如何在终端秀出品牌的性格。与生俱来的高贵感让奢侈品在品牌传播上不适宜把狂轰滥炸的广告策略和琳琅满目的卖场促销等手段作为亲近消费者的最佳工具，而应通过对终端视觉营销的重视、对展示细节的把握来演绎品牌内涵，实现与顾客沟通，拉动销售（如图 2–56 所示）。

图2–56 奢侈品品牌Bottega Veneta的店铺陈列

第3章
时尚新宠：
当代品牌店铺陈列

Fashion brand

Fashion brand

3.1 时尚周期与当代品牌

3.1.1 时尚的特性

时尚，对应的英文单词是 fashion。从字面上来理解，所谓时，乃时间、时下，就是在一个时间段内；尚，则有崇尚、追究、领先之意。美国社会学家布卢默认为，时尚是一种“流行的或被接受的风格”，常常“被认为是高等的做法”。消费心理学家对时尚也有过一些解释。他们更侧重于时尚的流动性，认为时尚是动态的，是某种思潮、行为方式渗透于社会的过程，通过这种渗透的过程，它的队伍在扩大。从时尚产业的角度来讲，“时尚就是在一定的时间内，被特定人群接受的款式和风格”。

- 时尚来源于街头，并不是设计师创造的；
- 时尚是一种态度，与价格、年龄等无关；
- 时尚具有延续性和周期性；
- 时尚反映了当时社会的政治、经济、文化状态；
- 时尚终结于泛滥。

时尚流行周期主要分 5 个时期，即导入期、成长期、高潮期、衰退期、消亡期（如图 3-1 所示），每个时期都有其各自的特性。

导入期特点：生产量很小、设计师通过舞台化表演玩噱头，市场接受人群少，价格最高。

成长期特性：接受人群在壮大，仿制品开始出现，渐渐批量生产，价格有所降低。

高峰期特点：接受面达到最大值，量贩生产和销售，价格低到人人可承受。

衰退期的特征：市场饱和并过剩，减价销售，停止生产。被一般的店铺淘汰，只在低价超市、折扣店销售。

最后，时尚流行进入消亡期，只能在地摊销售。

掌握时尚的特性，便于我们根据定位与时尚流行的周期来为各类时尚品牌进行营销活动，特别是视觉营销推广。

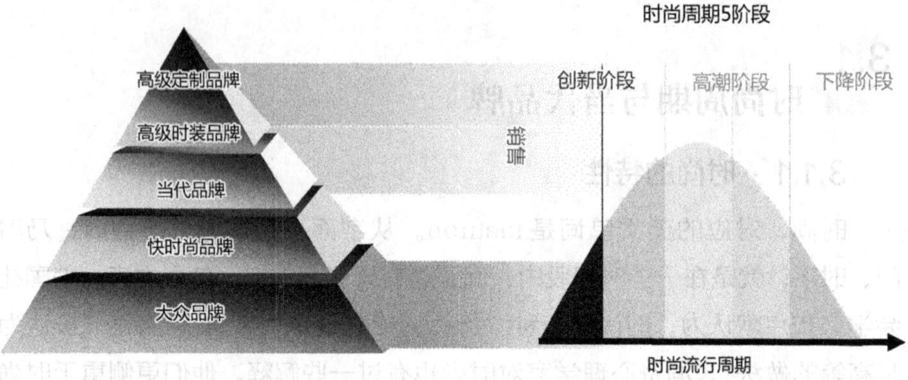

图3-1 品牌金字塔与时尚流行周期

3.1.2 当代品牌

当代品牌（contemporary brand）是 20 世纪 80 年代在欧美服装市场中产生的一个新的细分市场，主要针对当时不断壮大的城市中产阶级销售群。品牌定位介于顶部奢侈品牌和大众快销品牌之间。当代品牌大多是由高端品牌推出的年轻产品线，或者是由年轻的服装设计师推出的二线品牌。当代品牌消费群定位是当代都市中的新兴精英分子，他们普遍是高学历、高收入、高品位的“三高”人群；他们年轻、充满活力，既讲究生活品位，又深谙潮流时尚。

当代品牌应运而生并受到市场追捧的原因主要是弥补了传统时装屋的老气横秋、千店一面的形象，它填补了奢侈品品牌与大众化时尚品牌之间的市场空间，在服装产业中发挥着越来越大的作用。当代品牌定位更加年轻化——设计风格和店铺形象迎合年轻人的消费心理；其目标客户群——年轻有为的城市新贵、都市精英、“三高”人群；销售模式——以精品百货和时尚买手店为主要渠道，追求高毛利；时尚度——处于流行周期的前端，引导潮流。

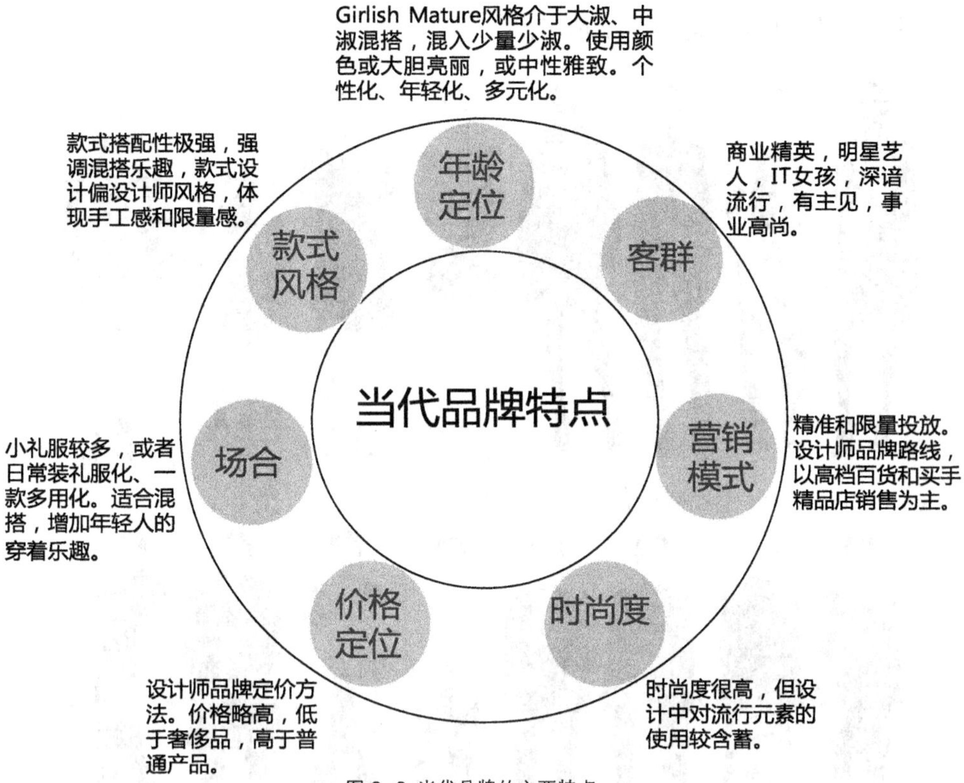

图 3–2 当代品牌的主要特点

如图 3–2 所示，当代品牌的主要特点有：

（1）价格定位——价格略高，但低于奢侈品品牌，属于设计师品牌的价格体系；

（2）产品线——产品线丰富且多元化，迎合消费者多种场合穿着的需要；

（3）款式风格——追求个性化的设计师风格，注重细节和搭配；

（4）营销模式——走设计师品牌营销推广路线，以高档百货商场与买手精品店为主；

（5）时尚度——时尚度高，处在流行周期的前段，但是时尚元素表现较含蓄。

当代品牌的代表品牌很多，如近两年颇受欧美及国内时尚女性喜爱的美国品牌 Alexander Wang、3.1 Philip Lim、法国品牌 Chole、韩国品牌 Kang Jinyong 以及瑞典品牌 ACNE 等。这些品牌的服装都充分体现了上述特点，如图 3–3 到图 3–7 所示。

图 3–3 Alexander Wang品牌的设计风格适合都市年轻消费群

图3–4当代品牌Kang Jin Yong 2013秋冬产品系列

图3–5 当代品牌Phillip Lim 新品展示

图3-6 法国品牌Chloe 2013早春新品展示

图3-7 瑞典品牌ACNE 2014秋冬产品系列

3.2 基于产品特性的视觉营销

3.2.1 店铺中的产品分类

服装营销的本质是通过资金与商品的不断交换来获得利润的商业过程。企业将商品转换为资金的场所就是零售终端店铺。视觉营销的目的是基于商品的特性，采用适当的陈列与展示手段，突出产品优势，弥补商品劣势，达到提高销售效率的目的。为了能有效使用各类服装视觉营销的技术与手段，首先需要分析并掌握各类商品的不同特性和功能。

时尚款式（fashion goods）——指顾客对产品的需求随时尚流行变化而变化的产品。时尚款式往往设计复杂，用料精良，价格也比较高。时尚款式的质量常常代表了一个品牌的设计水准和市场地位。

基本款式（basic goods）——指顾客对产品的需求不随时尚流行变化或者变化极小的产品。这类款式设计元素少，性价比高，也是消费者需求量比较大的产品。基本款式往往给店铺带来可观的销量，并且有助于增加连带销售，提升客单价。

季节性产品（seasonal）——指顾客对产品的需求受气温、天气以及季节时令变化影响大的产品。这类产品带有明显的季节性，很容易过季，造成产品积压。

非季节性产品（staple）——指顾客对产品的需求基本不受气温、天气以及季节时令变化影响的产品。

常备品（must have）——指基于品牌定位的需要，一年四季都需要有的部分产品。常备商品很可能是基本款式，但是它比后者更加适合大众的日常生活，如一些基本款的内衣或者袜子等饰品。

主打款／畅销款（best seller）——指店铺中计划销售量较大、备货量较多的款式。由于店铺补货周期比较长，因此对个别销售预期较好的款式，要多备库存。这类款式往往推广力度较大，受众面也很广，在销售过程中逐渐成为畅销款。

促销款式（promotional products）——指店铺中主要起促销功能的部分款式。一般这类款式设计比较基本，造型比较简单，价格比较低廉。促销款式在零售终端起到吸引客流、增加连带销售的作用。

形象款式（image goods）——指在店铺中充当点缀作用并提升整体形象作用的款式。

如果把时尚店铺比作一个舞台，那么店铺中的每件产品都扮演着不同的角色。每件产品有着其独一无二的特性，都是不可或缺的。服装品牌视觉营销的目的就是尽可能地发挥店内产品的特点。陈列师应该很好地认识这一点。

3.2.2 根据产品分类陈列

按产品分类进行陈列管理的方法是当代视觉营销（visual merchandising）理论的基础模型。服装店铺根据前面所述的产品分类对货品进行系列的划分、类别的组合，并以此为基础进行视觉陈列管理。将产品按流行周期性、时尚度等要素进行划分，同时将空间进行分区，并进行对应的区域展示，这种方法逐渐形成了一种固定的、标准化的模式与规则，有助于实现店铺的系统化管理与数据分析。

当代品牌的服装产品处于流行周期的高峰阶段。这决定了在陈列中首先要突出产品的时尚性，例如要将季节性强和时尚度高的商品摆放在最显眼的位置，以加快商品的流转速度。通过产品分类陈列管理的方法，有效地提高店铺零售货品管理的效率与精确性。

此外，由于当代品牌主要的零售渠道是寸土寸金的高端百货商场和买手精品店，陈列空间有限，坪效要求高。因此，对产品陈列的精准程度要求也随之提高。店铺陈列的更新变化和品牌流行度成正比，当代品牌快慢适中的更新特点也反映在陈列和出样的变化中。时尚产品的展示应经常根据潮流变化，不断分析商品信息，对商品进行必要的重组，以焕发新的生命。总之，当代品牌产品陈列的精妙之处在于“时尚”与“精准”的特性上。

基于产品特性的分类，我们可以分析出对于终端店铺来讲哪些单品SKU是最重要的——时尚款式、基本款式和必备商品。而形象款式往往成为店铺主题设计或者品牌故事的提纲性元素，虽然量少，但是作用独特，就像一本书的标题。促销产品可以形成焦点，吸引客流，但不一定必须完成“定额”的任务。主打款式就是“期望”和“实际”卖得最好的那几款，按照营销的80/20原则，这样的款式不会多，但是它们是店铺的主角。这些不同功能的款式在店铺视觉营销中扮演着各自的角色。

视觉营销可以直白地理解为用视觉来做营销，因此在空间划分与陈列方法的使用上都要考虑投入产出的效率。通常，客单价是衡量店铺运营效率的一个重要指标。而容量比和动销比表现出产品对于空间与客流的需求。客单价＝销售额 ÷ 顾客数，也指单张购物发票上所记录的产品购买金额。店铺中不同角色的商品所承担的销售任务不同：畅销款与必备款，一般可以完成绝大部分的销售任务；形象款式与促销产品，就像没有绿叶红花也会失色一样，需要为它们规划出恰当的位置。

可见，店铺陈列对终端销售任务的完成情况确实施加了影响。当代服装品牌要想做好视觉营销，要解决的问题就是给它们的产品最好的舞台空间、最恰当的演技指导，帮助它们完成自己的“表演”。总的来看，由于当代品牌的产品单价相对还是偏高，所以店铺环境和陈列道具要求质量精良，以衬托其不菲的价格。当然，它们没必要像奢侈品店铺那么豪华与高高在上。

3.3 数据陈列方法

视觉营销（visual merchandising）被称为21世纪最主要的零售经营模式，在当代零售业正发挥着日益重要的影响力。视觉营销提倡用理性的原则管理感性的时尚流行，通过计算和规划将店铺终端的陈列效益最大化。数据陈列方法是近年来在视觉营销基础上提出的新概念，用来对目标店铺进行具体的、可量化的设计和规划。它是精细化管理和数字管理的基础工具。数据陈列最早来源于买手模式，买手在制订采购计划和商品企划时，手中会拿着店铺平面图，将前期的商品企划与后期陈列紧密结合在一起。

买手模式最早在欧美发达国家出现，20世纪末传入我国。目前，作为一种国际通用的零售管理模式，买手模式被使用在各种类型的店铺中。它与终端店铺陈列相结合，将前期的商品企划与后期的产品出样相对照，形成了数据陈列方法的基本原理。数据陈列的关键点在于：明确的商品组合→准确的商品数量→正确的销售时间→精确的销售空间→正确的商品价格。也就是将明确的商品组合、准确的商品数量，在正确的销售时间，陈列在精确的店铺位置，并以正确的价格和合适的视觉手法，进行视觉的推销。

3.3.1 数据陈列的依据——门类划分

服装产品的门类（assortment）是指具有类似功能与特性的产品组合。

门类划分是品类管理的基础，是服装品牌与零售商按品类开展业务的管理流程，也是销售数据分析的基础单位。成功的服装企业在产品规划时，大都是从品类出发，以消费者为中心进行思维决策的。服装产品销售的成败也越来越依赖于服装门类管理的有效性。每一件单品作为基本的SKU，通过组合搭配形成带有时尚属性的“品类组合”——系列。系列集中在某个空间，实现视觉的信息传达，向顾客传播系列所代表的搭配信息。

SKU 是指店铺存库数量的最小单位，通常表现为产品的款式、规格和颜色的组合。SKU 不仅在商品企划和数据分析中被大量使用，在店铺陈列中也同样重要。当代品牌的产品 SKU 数量适中，比奢侈品多，比快销品牌和生活方式品牌少。在当代品牌的店铺陈列中，SKU 数量决定了店铺的出样款式数量，一般每平方米 5 ~ 10 件。

3.3.2 数据陈列的原则

在当代品牌的店铺中，产品的组合、SKU 数量、销售时间、陈列位置等要素，都可以量化，并与商品企划和销售任务直接挂钩。设计师、买手以及企业负责人都已将陈列看作是实现营销目标的延伸手段。陈列师需要懂得产品企划，企业人员也要考虑后期的店铺陈列。通过用销售指标来考核视觉营销效果，店铺陈列已被具体化，成为销售企划的一部分，这是当代服装店铺视觉营销发展的一大进步。

1. 陈列 KPI 指标化

零售店铺在视觉营销中主要使用的 KPI（Key Performance Indicators，关键业绩指标）有容量比、动销比、库销比、坪效等。

（1）容量比

容量比即是店铺中货品的容量占比，是用货品总数量除以目标货品数量所得的比值。这一比值初步地表现了店铺的货品数量与空间的关系，即展示密度。

（2）动销比

动销比，也称售罄率，是店铺实际销售额与库存数量的比值。它反映了商品的销售速度，资金使用效率，并显示出库存风险的高低。

（3）库销比

库销比是指店铺备货数量与销售额的比值，它反映了为达到目标销售额所需要的备货数量与目标销售额的关系。与动销比有点类似，库销比反映了店铺中产品的使用效率。它与产品单价和销售速度有关，直接影响店铺陈列出样的数量和更新的频率。例如，对当代品牌店铺来讲，由于产品单价偏高，时尚变化较快，造成库销比在 5：1 左右，高于奢侈品品牌，但是低于快时尚品牌。

（4）坪效

坪效，也称平效，是指店铺每平方米所贡献的销售额。国内坪效以米为单位，英美等国家则以英尺为单位。当代品牌的店铺一般较小，在百货商场中多在 80 ~ 150 平方米，因此对坪效要求很高。如此核算下来，当代品牌的服装产品定价大概在 6 ~ 10 倍率。

（5）业绩比

业绩比是指分类商品在总销售业绩中的占比。它是用分类商品的销售业绩除以相同时间的全部商品的销售数量所得的百分比数据。业绩比用来分析各门类产品在总体销售额中的权重，对店铺陈列时的空间位置选择有很大的参考作用。

2. 陈列 SKU 容量标准

在当代品牌店铺的系统化商品管理中，SKU 容量标准用来向企业的商品部门提供实际准确的数据信息，以便于辅助制订合理的店铺货品首次备货计划（initial inventory）与补货计划，以实现货量随市场变化而调整的灵活模式。服装设计师或商品经理都应该熟悉自己店铺的 SKU 容量标准，对店铺的容量弹性区间有足够的把握。

在实际运营过程中，店铺的货量变化主要来自补货和销售的更替。货品的增补和调剂调拨操作，要基于上述的 KPI 指标数据分析结果。除了尺码、颜色、款式的 SKU 自动补货调拨操作外，基于商品品类 / 系列的调整，则需要进一步的货品分析与趋势预测。此外，单款的消化率、季节消费指数以及库存周转率也都是必要的分析要素。

有限的店铺容量应该发挥无限的销售可能。谁唱“畅销”角色，谁是主角，必备款式用“经典基础”款来表示给予适当的表现机会。滞销商品就像“反派”角色，虽然不讨人喜欢，但是一直都客观存在，无法避免。滞销商品可以被视为商品流通周转过程中所沉淀下来的产物，它可以用作其他产品的衬托，或是店铺的背景道具，就像群众演员一样微不足道，但也必不可少。因为市场营销的 80/20 理论，店铺既然有畅销的产品，必然会有滞销产品的共存。陈列师不应害怕这些小角色，反而应该给它们应有的位置，发挥它们应有的作用。

3.3.3 数据陈列的工具——挂杆

基于店铺门类划分以及 SKU 容量标准，陈列人员应该制定合理的挂杆组合方案。一般店铺的挂杆摆放主要分成直行和弧形动线两类，如图 3-8、图 3-9 所示。除了挂杆形式上的设计外，挂杆长度也关系到店铺的销售和陈列大局。挂杆过短，会影响陈列面，过长则导致店铺过于拥挤，还容易引起陈列风格模糊、主推产品不清晰的问题，导致库存的增多。挂杆的使用和挂货间隔也有直接关系。挂杆长度是服装公司设计部、商品部和销售部共同关心的问题，更是店铺陈列的关键元素。有效的挂杆组合方案往往能既完成饱满的店铺出样任务，满足顾客的需求，同时又尽可能地节省空间，减少库存。

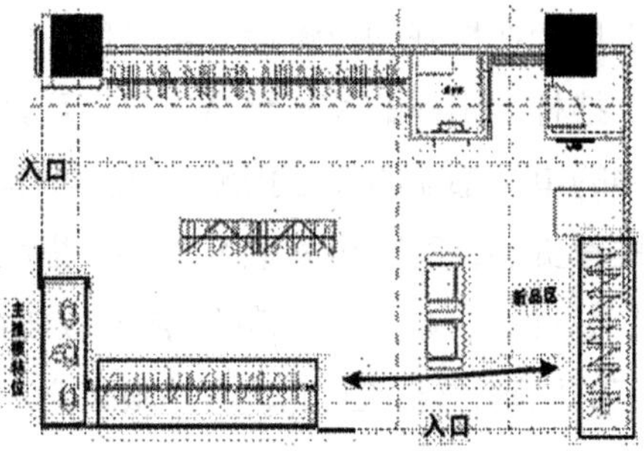

图3-9 当代品牌店铺的挂杆形式二

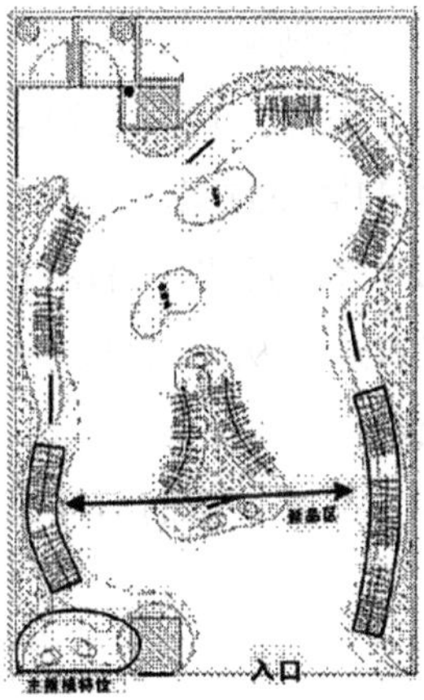

图3-8 当代品牌店铺的挂杆形式一

1. 挂杆陈列的基本规则

（1）挂杆通常采用正面挂 + 侧挂的形式，如图 3–10 所示。为了展示并销售主推商品，引导顾客购买，正挂建议套穿出样。短于标准长度（120cm）的挂杆不建议采用正侧结合的形式。

（2）店铺所有出样商品统一面朝卖场入口方向，且尺码统一（通常为 M 码），如果需要重复出样，以其他尺码代替。出样前必须熨烫平整，吊牌不得外露。

（3）新品上市等 POP 告示牌应摆放在距挂杆头部或尾部 10cm 位置。

图3–10 挂杆陈列中的正侧挂结合

图3–11 服装长短错落及可搭配性的挂杆陈列

（4）挂杆明确主题货品，同一墙面的陈列主题以及产品波段应统一。

（5）店铺在最好的位置设立新品区，新品按规定陈列在此。

（6）挂杆上出样的款式组合应具有可搭配性。这些产品以套为单位，每组货品中的单品都能够相互搭配，成为一套完整的搭配方案。这样不仅有利于导购推荐货品，同时也为顾客提供了搭配建议，有助于提高销售业绩（见图 3–11）。此外，挂杆展示的服装还应按照穿衣规律从内向外，从上而下相互搭配的原则，保持上下、内外服装合理的比例。

（7）挂杆陈列应首要考虑“货期陈列”，当货品不齐全时再考虑“色系陈列”，如图 3–12 所示。

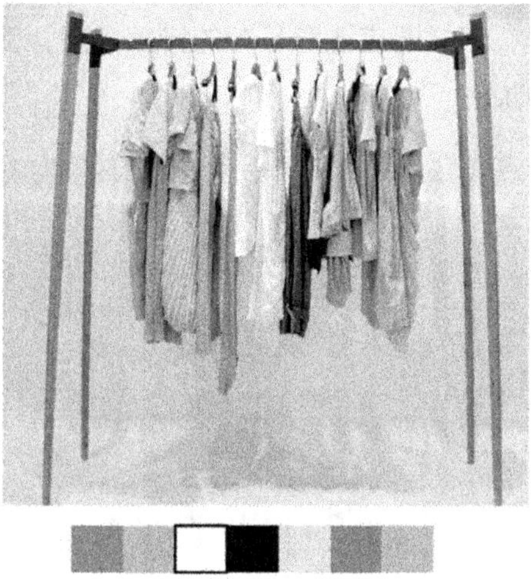

图3-12 挂杆陈列中的色彩搭配图示

2. 衣裤架陈列基本规则

（1）同一卖场衣裤架规格需要统一，挂杆上的衣裤架间距为 8 ~ 10cm（一个拳头的距离为宜），且朝向一致，统一朝墙。往季的折扣挂杆衣架之间距离为 6cm 左右。所有展示的产品都需要整齐地悬挂在一起。

（2）挂杆展示的出款顺序一般采用递进模式，产品按照色彩的规律从左至右或从右至左顺序，从浅向深，从冷向暖色过渡。其间还可以用中性色穿插搭配，如图 3-13 所示。

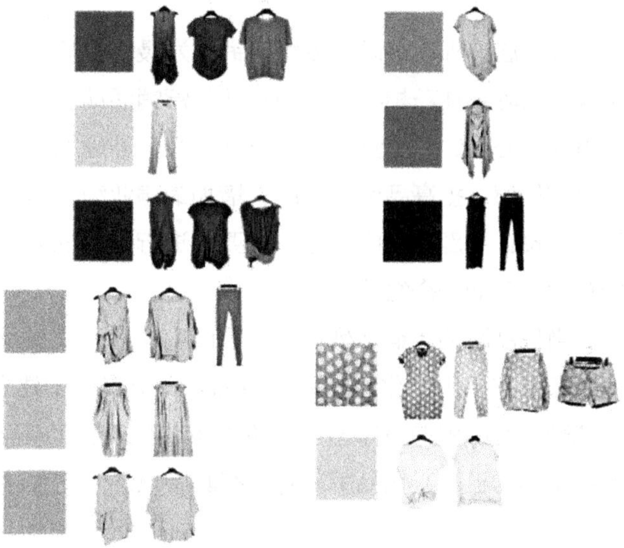

图3-13 衣架展示时注意色彩与衣裤的搭配

（3）如果单款存在着长度上的差异，出样时应注意长短的错落搭配，使货品在一个丰富而有序的节奏下合理地陈列，如图 3–14 所示。

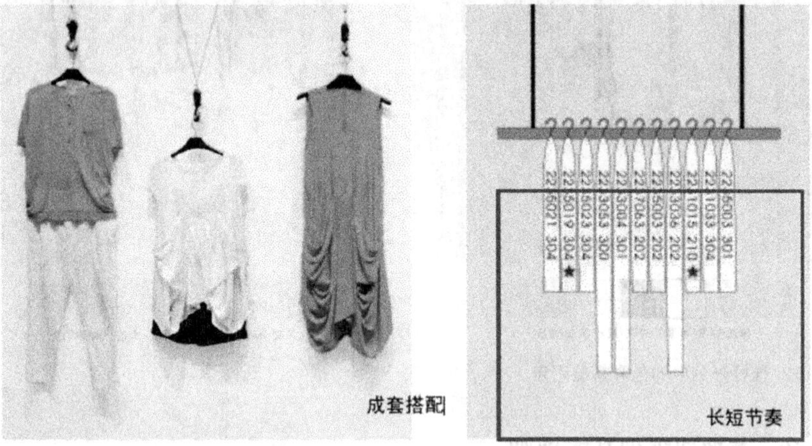

图3–14 衣架出样展示时的长短变化

3.4 当代品牌陈列特点

服装店铺陈列是以达成终端销售为最终目标，基于品牌市场定位，将商品规划与陈列技巧相结合的一种现代营销活动。服装陈列师瞄准目标消费者的审美与心理，以视觉传达的方式、及时准确地传递品牌商品信息，创造品牌附加价值，提高品牌知名度，增加销售业绩，建立品牌忠诚度。他们将商品按照设计主题以及门类划分的要求进行展示陈列，将店铺陈列看作服装市场营销活动的一个组成部分。

当代品牌的店铺陈列是用直观而生动的形式与受众进行沟通，传递产品信息和推广品牌文化。优秀的店铺陈列能够帮助建立品牌忠诚度和名誉度，形成顾客对品牌的整体印象，使顾客产生兴趣、偏爱和信任，从而引起购买的欲望和动机。当代品牌陈列具有其特点。

3.4.1 简单的陈列元素

当代店铺的视觉营销要素往往都很简单，同时很有品位和设计感。店铺中从挂杆的选择、店铺的装饰，到陈列道具的使用，都不会有太过繁杂的东西。这样可以更好地突出设计师品牌的原创性特点。

如图 3–15 所示，法国当代品牌伊莎贝拉 · 玛兰（Isabel Marant）的巴黎店铺内部没有过多的道具设计，简约设计的挂杆上陈列着服装，只是简单地在空间上做了分区设计，体现了简约朴素的设计师风格。

来自法国的新生代设计师品牌伊莎贝拉 · 玛兰（Isabel Marant）产品融汇了多种风格的女性时装，涵盖 T 恤、运动衫、正装外套、针织衫、皮靴、波西米亚系列配饰等。该系列服饰一经推出，备受明星和都市名媛推崇（见表 3–1）。像莎贝拉 · 玛兰这样的当代品牌店铺，陈列不仅是一种商业推广行为，更被看作是艺术品的展览。即使店铺的一切都应围绕商品进行，但是店铺陈列中各个视觉要素的选择与使用应尽可能地服从品牌定位，展现设计风格。

图3–15 简单的陈列元素在当代品牌店铺中的展示

表 3-1 对当代品牌 Isabel Marant 的解读

品牌类型	当代品牌。
品牌定位	高端的设计师女装品牌。
品牌价值观	生活态度决定品质追求。 秉承以设计为核心的创新理念，用专业的思维方式将自然与科技、传统与革新、技艺与时尚三者良好融合，着重面料材质与软式廓型的品质互动，更好地诠释“less is more”的设计理念。
品牌理念	自然、科技、都会、优雅，以少呈多。
卖场风格	呈现空间与服装的契合点。
目标群体	28 岁以上，追求创新衣着观念与个性穿着体验的知性女性。
产品开发理念	“自然、科技、都会、优雅”是 Isabel Marant 品牌所追求的核心理念。以自然材质为主，精心选择特殊工艺织造的高支、高密的天然纤维作为面料的基调——桑蚕丝、丝毛交织、丝绵混纺、高支棉、羊绒纱线、美丽诺羊毛大衣呢、滚涂绵羊皮、富有视效的牛皮及皮毛一体构成面料细腻而富质感的主轴，配以人造纤维混纺及功能性材料强化面料结构；从“人、面料、服装、时尚度”四者的关系出发，科学考量服装款式、廓形、比例、色彩以及制作工艺的综合效应，以求开发更为科学合理的个性产品；精心构架服装的系列感与灵动的组合方式，以求塑造当下都会女性简约、个性、独立的高品质生活态度，最终创造出属于 Isabel Marant 的独一无二的女性形象。
品牌平台背景	2005 年，设计师品牌伊莎贝拉 · 玛兰（Isabel Marant）运作的高端设计师女装品牌。公司将运用江南布衣的优势资源，并秉承一贯以设计为核心的创新理念，力求打造出兼具设计创新与高品质生活对接的高端女装品牌。

3.4.2 选择特殊材质

店铺空间设计时需要选择诸如地板、墙面和展架等主要的装潢材料。这些材料的颜色与质地需要与品牌风格与店铺造型相合。当代品牌经常采用概念性较强的装潢材料，显示独特的品牌基因。如图 3-16、图 3-17 所示，法国当代品牌伊莎贝拉 · 玛兰（Isabel Marant）在法国巴黎与日本东京的店铺都大量采用实木材料，线条硬朗的实木家居与墙壁风格独特，配以灰色的石材地板，使得整个店铺充满一种安详高雅的气质，与“自然、科技、都会、优雅，以少呈多”的品牌理念正好吻合。此外，店内古朴的色调也很好地配合了品牌产品的质感，达到了相得益彰的视觉效果。

图3-16 伊莎贝拉·玛兰品牌法国巴黎店铺采用了大量的木质材料

图3-17 伊莎贝拉·玛兰品牌在日本的店铺同样使用木质材料装饰

伊莎贝拉 · 玛兰最新的店铺空间设计风格依旧沿用木质材料。店内木质天花板的造型，配上水泥灰色的墙壁与地面，再加上木质展台的点缀，使得整个店铺简朴自然，给人以艺术但不失亲切的感觉，如图 3-18 所示。

图3-18 伊莎贝拉·玛兰品牌店铺使用了木质天花板

作为卖场中重要的道具之一，模特的材质选择也会影响到整个店铺的视觉效果。很多当代品牌为了体现自身的品牌理念与独特的设计风格，常常选用一些独特材质的模特。如图 3-19 所示，这种复古材质的模特，是很多当代品牌所喜爱使用的。因为这种材质与姿态的模特，更符合设计师类型的品牌形象，也容易让顾客将更多的关注点集中到商品上。

图3-19 复古材质的模特及其各种姿势

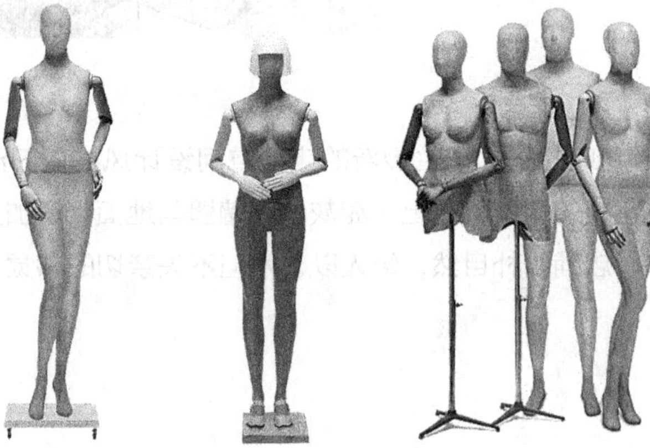

3.4.3 注重搭配

店铺的服装风格属性（dimensions of product style）是指店中服装产品与品牌定位以及当季流行元素之间的关系。当代品牌店铺更加注重展示产品之间的搭配效果。如前文所述，服装营销，包括其所属的视觉营销是一种科学的推广与销售活动。它的目的性很强，而且是有章可循的。以下是在陈列展示是如何进行搭配的几种模式。

（1）从产品与门类组合（product assortment）的角度进行搭配，即从产品线中选择具有一定关联的款式、颜色和尺码进行组合。

（2）从色彩组合（color ways）角度进行搭配。这种方法最直观，将店铺主要的色彩进行分类组合，比如将主打色系与辅色分开进行陈列。

（3）从服装与配饰（accessory）的组合角度进行搭配。当今时尚领域，配饰对于服装是一种不可或缺的调性的调节，适当的配饰陈列与搭配可以很快提升店铺的服装展示效果，起到画龙点睛的作用。相对来讲，这是一种性价比较高的方法。

（4）从印花图案（prints）角度进行搭配。作为流行的五大要素之一的印花图案，在表现品牌服装风格方面有突出的效果，店铺陈列中应尽量利用印花图案的表现力进行组合搭配，增添卖场的节奏，活跃店铺的氛围，如图3–20所示。

（5）款式本身的内、外与上、下的搭配。追求混搭效果是当代品牌的主要特色之一，过于呆板的重复出样陈列方式不适合它；而将上下、内外服装成组地进行陈列则可以很好地体现品牌的特点，同时增加销售的连单率，是当代品牌常用的陈列方法。

当代品牌和奢侈品店铺陈列上有很多相近之处，很多人容易混淆这两个类别。很多当代品牌后来随着自身的发展，逐渐升级为准奢侈品品牌。关于上述两类品牌之间的关系，也常常引起业内的争议。例如，2014年原属于当代品牌的Alexander Wang设计师王大仁成为法国老牌奢侈品品牌巴黎世家（Balenciaga）的设计师，就引来很多人非议，认为他从当代品牌设计师一跃成为主宰法国经典时装屋的设计总监，级别不够。在实际陈列中，上述两种类型的店铺，在硬装与软装材质的使用以及展示方法的运用方面还是存在较大的差别的（见表 3-2）。要衬托服装产品的质感，奢侈品使用高级材质和发光的材质衬托，当代品牌常常使用复古的家具和材料去衬托衣服的质朴感觉。

图3-20 挂杆展示时的款式搭配出样

表 3-2 当代品牌与奢侈品品牌的店铺陈列方法的比较

当代品牌：多用木材 玻璃		奢侈品牌：多用石材和丝绒	
Initial 品牌简介	以法国为基地的创作团队，致力于研发独特的剪裁及崭新的设计元素，为顾客带来一次不寻常的体验。Initial 相信，时装并非装饰物，而是一种对自我的发现，是一场通过调动触觉、视觉、听觉来感知生活细节的盛宴。Initial 品牌以舒适简约为设计理念，研究素材和搭配技术，在市场上独具风格，确保每件产品拥有最好的品质和效果。	GIVENCHY 品牌简介	GIVENCHY（纪梵希），来自法国的时装品牌。纪梵希最初以香水为其主要产品，后开始涉足护肤及彩妆业。纪梵希一直被视为优雅、高贵、精致的象征。
店铺陈列特色	装修采用概念性的艺术装潢，以木质地板、实木家具和玻璃窗格为基础，采用古董作为辅助。暖色调灯光，光线偏暗，营造复古的味道。装修风格以欧式复古为主，辅以田园风。有特殊香味，非常有辨识度。	店铺陈列特色	全新的纪梵希精品店室内独特的设计理念令人耳目一新，不同材质的大理石和砂砾石布满整个空间，独特的纹理和质感营造出一种简约粗犷的金属感，显得大气而浑厚。
陈列元素	木质、普通石材、二手家具	陈列元素	高级石材、玻璃、亚光金属

3.4.4 突出陈列风格

服装品牌的风格定位是店铺视觉营销的重要依据。品牌风格定位决定了设计风格和设计要素，也决定了陈列风格和陈列要素。陈列师在品牌设计理念的驱使下，对陈列要素进行选择，并逐渐形成了固定的陈列风格。成功的陈列风格往往拥有很多具有高识别性的元素，比如颜色、材质、货架的造型等。这些要素是引导消费者认知品牌风格的有效手段，也是维系品牌与消费者紧密关系的桥梁。以个性化设计著称的当代品牌，对店铺的陈列风格要求也十分苛刻。因为它是区分自己与竞争对手的首要依据，是强调自身产品独特之处的有力保证，是激励消费者购买的关键因素。成功的陈列风格定位必须经过缜密的市场调研。市场调研做得越细，定位就越精准。通过定位可以提醒陈列师坚持品牌自身的固有风格，突出与竞争者的差异，在消费者心中留下一个清晰的形象与位置。品牌陈列风格定位实质上是寻找并瞄准目标市场的过程，同时也是将产品准确传递给目标消费群体的过程。

3.5 陈列案例分析

本节以恭黛（Comme Toi）作为陈列案例进行分析。

3.5.1 挂杆陈列的基础规范及执行标准

1. 基础规范

（1）单款出样 SKU 数标准

全国店铺统一规定按单款单色一件出样。

出样款尺码：南方店铺上装（160 码）、下装（160/70b 码）、连身装（160 码）；北方店铺上装（165 码）、下装（165/74b 码）、连身装（165 码）。

产品风格线：度假系列（BOBO 风格）、商旅系列、通勤系列、礼服系列。

（2）挂杆陈列准则

将每杆货架看成一个独立体，一杆货架必须陈列同一系列的产品。按同一块面料、同一色系归类为同一系列。记住一个准则，就是无彩色（黑白灰）+ 1 个主色 + 1 个主色花版。

新品上市产品不全时，不能与其他系列的产品合并同杆出样，解决的方法是主推色或者主推印花图案重复两件出样，从而达到饱和视觉效果。

（3）卖场分区

按照产品的风格线分割整个卖场区域，可定期调整不同产品风格线的区域位置，但是必须明确四个系列的区域划分。礼服系列的出样区域按实际店铺的大小以及店铺级别可灵活增减。卖场的主要区域陈列本季或者本波段的主推产品风格线，新品陈列在更为显著的位置。各店铺在执行主推产品风格线或者新品陈列的时候按每家店铺规定的陈列区域陈列。

丝巾设单独展示区、毛衫设叠装展示区。

2. 恭黛货品陈列标准

（1）模特出样

每组产品给出 2 ～ 3 组模特出样参考。模特每 3 ～ 4 天为一个更换周期，最长不得超过一周。

模特组合上必须把该系列不同款式产品足够多的展示出来，要明确该组模特展示的目的性，即主推款、主推面料或者主推印花图案是否重点展示。

要给模特搭配配饰（鞋、包、首饰、头饰等），这是很容易在店铺执行时被忽略的，一定要引起重视，从而让整组模特达到最理想状态。公司统一配发模特专用出样鞋。

（2）层板、流水台的饰品、配件

出样配饰，如鞋、包要配合包架整体出样，从而达到最理想的效果。

（3）按企划主题进行陈列

本组主题：环游系列。

秋冬的环游系列是一种整体上更舒缓、更优雅、更优质的感觉，通过推崇北欧的民族纹样和蓬松廓形，散发温暖慵懒的情绪，伴随着对 20 世纪 70 年代大气简约的回归，传递出简约经典的都市女性形象。这正好吻合环游系列那种游走在都市与异域之间的主题精神。

主题故事：坐落在英国边境的费尔岛，是一座鲜为人知的荒岛。居住在无比繁华的大都市的时尚人群，赋予这个岛屿世外桃源一样的象征。他们通过这个象征对人生的意义、生活方式等展开了无尽的思考，并归结为一种心灵的释放和身体的向往。设计师把这种“费尔岛精神”灌输到本季的款式和印花设计中，借此让都市人的压力在着装中得以释放。

出现系列：商旅系列（秋第一波段第一组）。

应用款号：ZAS16001，ZAS32001，ZAS41001，ZAS12001。

本组主推印花图案的应用：它不像生活方式店铺一样没有明显的主题，当代品牌在每个季度都有自己的主推印花图案。

（4）主题风格

印花图案名称：费尔岛 & 费尔岛图案（Fairisle），见图 3-21。

以本季大热的斯堪的纳维亚半岛民族纹样及费尔岛图纹为主要流行元

素，结合环游主题的舒适本质，形成一组温暖、舒缓的服饰形象，并在柔美的色调中展现出异国情调与典雅风格融合的艺术效果，见图 3-22。

图3-21 富有针织机理效果的费尔岛图案

图3-22 系列第一波段中的印花图案款式服装

（5）货品挂杆出样标准

1）陈列形式：长袖连衣裙—盘花背心—长袖针织短开衫—收身小脚裤—背心式针织衫—短裤—机车夹克皮衣—连衣裙—可脱卸肩章针织衫—层叠半裙—收腰小外套—地震式长衬衫—皮草短马甲—背心式针织衫—蛋糕半裙—长款针织风衣外套，如图 3-23 所示。

图3-23 秋季第一波段服装挂杆出样效果

2）点挂：ZAS32001 KWZ91021 KWM92026 KWC97010

3）侧挂：ZAT13001 KWF97028 KWF98002 ZAS33001 ZAS12001 ZAS41001 ZAD60003 ZAS16001 KSF96001 ZAT13001 ZAD41002 KWZ99018

4）叠装：ZAS33001 KWD110009

（6）模特搭配

色彩搭配：费尔岛图案 + 黑色 + 灰色 + 黑灰

款式搭配：连身裙，内搭针织衫，短裙，短裤，机车夹克皮衣，皮草马甲，如图 3-24、图 3-25 所示。

图3-24 机车夹克皮衣搭配印花图案

图3-25 皮草马甲搭配针织衫与短裤

（7）配饰出样细节标准

服饰出样细节标准见图 3-26。

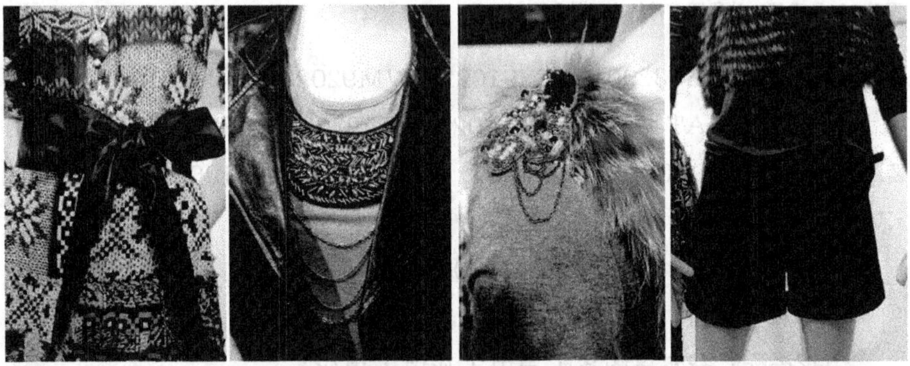

ZAS16001	ZAT13001	ZAS12001	ZAT13001	ZAS12001	ZAT13001	ZAS12001
KWD110009	ZAS41001	ZAD60003	ZAS41001	ZAD60003	ZAS41001	ZAD60003
	KWZ99018	KWF97028	KWZ99018	KWF97028	KWZ99018	KWF97028

图3-26 配饰出样细节标准

第4章
时尚快餐：
快时尚店铺陈列

Fashion brand

Fashion brand

4.1 快时尚概述

在当今时尚产业，一种以“快、狠、准”为主要特征的风潮迅速兴起，带动了全球的时尚潮流。快时尚服饰始终追随当季潮流，新品到店的速度较快，橱窗陈列的变换频率较高，与快餐文化“求速”的特点相像。当今主要的快时尚品牌包括ZARA、H&M、UNIQLO（优衣库）等，如图4–1至图4–4所示。快时尚品牌变化速度快，更新频率高，紧跟潮流的特点，让追求时髦的人争相采购。快时尚指的是很多消费者特别是年轻人不再迷恋昂贵的奢侈品品牌，而转向物美价廉的时尚用品。

图4–1 “求速”是快时尚的特点

图4–2 英国快时尚品牌TOPSHOP

图4–3 美国快时尚品牌GAP

图4-4 美国快时尚品牌EXPRESS

4.2 快时尚店铺的陈列分类

虽然同为快时尚品牌，但各自的陈列风格和技巧都有所不同，而根本出发点则是各个快时尚品牌的定位和经营策略的不同，见表 4-1。

表 4-1 五大快时尚品牌陈列特点

	品牌定位和策略	品牌调性	陈列特点
ZARA	高品质时尚、低成本价格、快节奏更新	个性、时尚	营造尊贵、稀缺的价值感
H&M	以最优的价格，提供时尚与品质	平价、平民化	规整、居家化的陈列风格
C&A	年轻活力，超值时尚，无限选择	活力、多样	年轻、明快的场景式陈列
UNIQLO	以低廉的价格向所有的消费者提供时尚的休闲服装	现代、简约、自然	自然的仓储式购物大卖场
VANCL	互联网快时尚	高性价比、品质、精致	重点突出，促销为主

通过对多个快时尚服装品牌的陈列进行对比和归纳总结，并结合多年对服装店铺陈列和运营的操作经验，我们总结出快时尚服装陈列的“秘诀”。这个“秘诀”是全面考察快时尚店铺陈列的DNA，其中的一些方法对于大部分的服装店铺都是普遍适用的。

4.2.1 仓储式陈列

仓储式陈列指所有的商品都是按照类别进行陈列，牛仔裤、衬衫、T 恤，每一个种类都尽可能展现齐全的颜色和尺寸，以便于顾客寻找，看起来就像一个大仓库。如优衣库，超整理术在它的卖场陈列中被完美地体现出来。卖场被收纳进排列整齐、大小统一、高度一致的小方块里。细看每个小方块，都是由低层货架、人形模特和高层货架组成的小单元。这种多层次的搭配，在视觉上营造出品类丰富的感觉。这些小单元如同大卖场里创造的许多小卖场。这样的布局可以让顾客一目了然，同时也让购物空间变得通透，让人能更快地找到自己想要的东西。

当然，并非所有的仓储式陈列都是中规中矩的，LEVI'S 将如同作坊的店铺完美地与仓储式陈列相结合，营造出一种独特的感觉，见图 4-5、图 4-6。

图4-5 LEVI'S巴黎旗舰店的展示效果

图4-6 LEVI'S巴黎旗舰店的仓储式陈列体现了作坊似的氛围营造

仓储式陈列的好处是用色彩和数量打造出无与伦比的分量感和存在感，让人觉得商品琳琅满目、色彩缤纷，从而产生选购的念头。但这样做也带来一个问题：如优衣库的基本款有时候很难激发人们的搭配灵感和购买欲望，尤其是针对女性顾客。过去优衣库用来弥补的做法是：把能产生关联的货架放在一起。不过货架的效果总不及模特来得更加直观。现在，几乎每一个小单元都至少有两个模特，可以想象一下再加上橱窗和入口处成群的模特，整个卖场里模特的数量有多么惊人。

4.2.2 场景式陈列

场景式陈列指运用货品、装饰、背景、灯光、音乐等，构成不同的场景、不同的生活空间、不同的自然环境、不同的艺术风格及不同的格调等，给人一种浓郁的生活气息。它注重现实感的体现、情调和气氛的营造，并且着重强调所营造场景的艺术感和创新性，让人在得到享受的同时又深受启

图4-6 美国休闲品牌MADEWELL 的Lifestyle风格陈列

发，并有身临其境的感觉。与此同时，场景的设计能够生动、形象地说明服饰商品的功能、特点，从而起到告知顾客的作用。

MADEWELL 品牌采取生活方式（lifestyle）的风格进行陈列。比如店铺中绿色盆栽的运用，以及放置围巾的木篮子，如同家中的置物柜一样。又或者店铺角落的扶梯，无处不透露着轻松自在的感觉，增添了许多生活气息（见图 4–6）。

4.2.3 主题陈列

主题陈列是给予服装服饰产品设定一个特定主题的陈列方法。而且主题应该是经常变换的，以适应季节变化或特殊事件的需求。主题能为专卖店营造独特的气氛，吸引到顾客的注意力，从而达到促销的目的（见图 4–7）。

图4–7 H&M店铺陈列

但是，ZARA 的风格与 H&M 可谓迥异，甚至可以说几乎不像一个快时尚品牌。奢华的白色大理石配上优雅的米色背景墙，稳重的黑色金属框架不仅把卖场分割成不同的展示区域，更勾勒出一种秩序感（见图 4–8）。店内有很多模特，几乎看不到海报广告，商品以搭配为主，从上衣到鞋包，整套陈列（见图 4–9）。ZARA 衣杆上的服装数量大概只有 H&M 的 1/3，叠放高度则是 H&M 的 1/2。ZARA 店铺的空间设计与陈列形态，能够让顾客一目了然地了解到主销售产品及配饰品，方便顾客选择，易于把控终端的执行。这种低饱和度的陈列手法能营造出一种高品质的稀缺感，通常为一些时装大牌所采用。

图4-8 ZARA女装陈列

4-9 ZARA男装陈列

4.2.4 背景陈列

背景陈列是指店铺根据品牌定位和商品特性，利用特定的环境陈列服装商品，使销售卖场形成特定的氛围或情绪，以促进销售，并传递品牌理念。

以美国夏威夷度假风格为背景的 Abercrombie & Fitch 公司旗下的 Holliste 品牌店铺陈列在店铺背景渲染时秉承美式生活方式和夏威夷度假文化。如图 4-10 所示，店铺模拟海边沙滩小屋的风格，三面几乎全是厚实的墙和紧闭的百叶窗，入口处灯光较暗，使整个店内充满神秘感。

图4-10 美国快时尚Hollister杭州万象城店主题陈列

店内的美式旧家具、异国色彩的热带绿植以及粗犷的地毯等道具，让顾客体验到加州海岸慵懒轻松的氛围；再配合在主推单品上的明亮定点照明，营造出一种阳光射进屋内的感觉。

Hollister 店铺陈列与常见的正统陈列的敞开式风格相反，追求私密中略带性感的独特格调。这与品牌公司所制定的品牌营销推广定位相符合。店铺中悬挂的美国国旗以及具有怀旧感的家具软装都传达着悠闲舒适的美式生活方式。与同样代表美式风格的 Ralph Lauren 和 Tommy Hilfiger 相比更加年轻。

值得一提的是，Hollister 店铺为了模拟 Pub 的效果吸引年轻顾客，在店内通过动感的音乐与诱人的香氛给空间背景增添年轻时尚的体验。Hollister 将南加州的无限活力带到时尚界，通过背景氛围的营造，将简单的基本款注入随性的酷感。多年来，这种风格不断持续，并已超越时空界限，成为品牌 DNA 的一部分。

4.2.5 抛售陈列

抛售陈列是处理断码或过季服装时采取的一种低成本的陈列方式，即将服装成堆放在各式“花车”上，让消费者随意挑选。

与整洁、精心设置的陈列不同，这种方式营造一种廉价的氛围，主要用于服装处理。对于断码或者过季的服装，ZARA、优衣库、H&M 等快时尚品牌大多以低价促销或当季打折处理，如图 4-11 所示。

图4-11 H&M以“抓住最后的时尚机会”为由，集中区域处理断码或过季的服装

4.3 快时尚的陈列要领

4.3.1 入口要开阔，橱窗成主题

陈列应该从哪儿开始？很多人会认为陈列是店内的工作。实则不然，事实上陈列从门店外就已经开始了。“入口要开阔”即是创造一个足够友善、足够便利的进入门店的通道。快时尚品牌更新速度非常快，样式丰富，令人眼花缭乱，门店客流量也非常大。所以只有开阔的入场，才能有足够的空间吸引顾客入店，并且让顾客很容易地看到店内的最新款。

快时尚品牌是引领时尚和潮流的一个风向标，它给消费者最鲜明的引导是"提前消费"，下个季节还没有到来，它却已经在提醒消费者"更新衣柜"，而这样的"提前消费"的购物引导首先需要在店外放大和展示。橱窗便是一个极好的展示平台，在这个空间里，应竭尽效能地将符合季节的新潮样式以主题的形式展现给消费者。

例如，ZARA 将橱窗视作唯一的广告手段，平均每个月换一次脸，这是品牌一向坚持的路线，每年它们都会花费很多心思在橱窗陈列上。除了根据不同店铺的周边人群来确定橱窗风格，更重要的是突出当季的重点款式与搭配。曾经有人感慨，ZARA 的橱窗所传达的流行信息，有时甚至比专业的时装杂志更快速、更丰富。ZARA 习惯在入口处设计若干个橱窗（见图 4-12），相当于店铺的眼睛——心灵的窗户，让其打动和吸引顾客。这是吸引顾客进店的关键。

橱窗中的模特似乎就是在这个橱窗制造的模拟世界中生活着，状态自然，很多女性顾客很容易想象自己在橱窗中的样子。顾客的梦想通过橱窗设计变成触手可及的现实如图 4-13 所示。

图4-12 ZARA店铺入口橱窗设计

图4-13 ZARA店铺橱窗陈列

4.3.2 动线自然成，品类有分区

消费者在购物中可以直接感受到店铺通道是否宽敞、指示是否明确、分类是否清晰等信息，而这些都与卖场动线的设置息息相关。快时尚在这些细节上都做了大量的工作，包括绝大多数商场提供开架式的货架，消费者可以立刻获悉产品的颜色、尺寸等信息。试衣间不仅在数量上要与营业面积相匹配，设置的位置也要符合消费者的习惯。比如裤子是消费者最常试穿的产品，所以试衣间往往在裤区旁，让消费者挑中裤子后能立刻试穿。相比之下，有些卖场越造越大，缺憾也越来越明显，使商场变成“迷宫”，消费者选购一样商品往往要花费很大的工夫。所以卖场要吸引消费者，在动线设计上一定要花些心思。

动线规划与品类分区的关系是相辅相成的，不同的服饰风格应该有不同的品类分区，即便是快时尚风格下的不同品牌，品类分区的原则也各有特色。

ZARA 采取的是主题式分区陈列，不同的版式、风格集中在一起，这主要是由于 ZARA 的设计汲取了各地的潮流特色，将这些潮流信息进行分类并各自集中，可以满足对潮流有不同解读的顾客（见图 4–14）。

图4–14 ZARA主题式分区陈列

C&A 的品类分区是利用生活方式需要，按场景式分区，特别适合有明确购物目的的顾客。在区分不同的生活方式时利用模特作为分隔线，同时在每一个区域都悬挂典型海报或图片以展示不同的风格（见图 4–15）。

图4–15 C&A场景式分区陈列

UNIQLO 的品类分区则相对模糊，这也是由 UNIQLO 的品牌定位决定的。起始于日本经济萧条时期的 UNIQLO，以低廉的价格向消费者提供

时尚的休闲服装，因此 UNIQLO 的店面规划效率很高，“长通道 + 小格子”的布局弱化了品类分区和动线规划，仓储式的陈列显现了其“物美价廉”的品牌定位，见图 4–16。

图4–16 UNIQLO仓储式分区陈列

4.3.3 挂件须配搭，色彩成体系

色彩对于任何一个时尚行业来说都是不可忽视的，对于快时尚品牌来说，则更为重要。

ZARA 运用黑、灰、白三种素色较多，以彰显其高品位和纯粹的设计风格；C&A 则大胆运用各种明亮色彩，因为它主张的各种不同的生活方式决定了它的主题、系列的多样，也决定了它需要运用多种色系。由于 C&A 色彩纯度较低，整体凸显了一种年轻、明快的品牌调性，甚至店内播放的音乐也比 ZARA 更轻快、灯光也更明亮；而与 C&A 相比较，H&M 色彩纯度更高，更贴近生活、也更真实；UNIQLO 运用的色彩则多为基本色，这同样是由其现代、简约、自然的品牌风格所决定。

在安排色块的陈列时，所有快时尚品牌的陈列都遵循着沿人流动线的方向，颜色从浅到深、色系从冷到暖、纯度从低到高，这是最符合顾客购物行为的色块排序，如图 4-17、图 4-18 所示。

图4-17 H&M店铺陈列中的色块陈列

图4-18 美式休闲品牌Club Monaco的色块陈列

4.3.4 全尺码出样，模特有关联

全尺码出样对于周期短、流量大的快时尚品牌来说有一定的库存风险。在服装出样时，应尽可能地保证全码出样（如图 4-19 所示），这样会显著提高款式的时尚感和价值感。出样的码数如果不全，不但会错失销售机会，还会给顾客造成款式已经上市很久因而尺码不全的错觉。挂杆出样应根据人

图4-19 H&M牛仔裤陈列，叠装、挂装、模特展示相结合，码数齐全

流动向，遵循尺码由小到大、色系由冷至暖、下摆高度由高到低的原则；在出样时渐变原则、对称原则等也可以参考。此外，增强模特和挂杆出样的关联性，可让顾客更直观地感受到款式上身后的效果，以促进消费者购买的欲望，如图 4-20 所示。

图4-20 H&M服装款式和模特展示搭配陈列

4.3.5 促销工具灵活又合理

快时尚品牌店铺展示时需要运用一些灵活多变的促销工具来强化视觉效果，如品类区分的信息、设计风格及设计师的介绍、款式和版型的信息、价格与折扣信息、搭配与流行饰品介绍等。这些工具既配合服装的展示，又强化了产品的价值感，提升了顾客购物的愉悦感，如图4-21至图4-24所示。

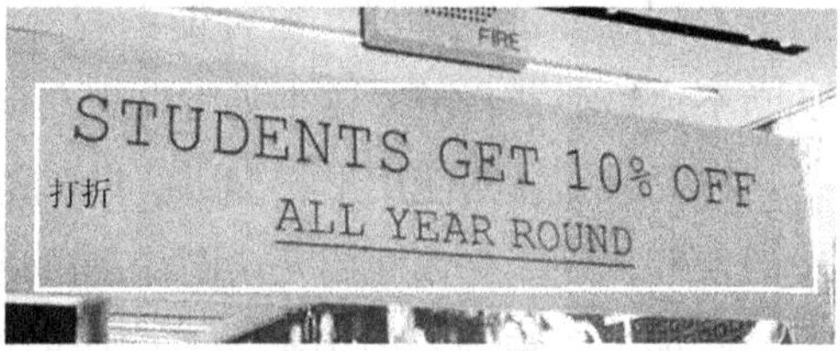

图4-22 店铺内折扣信息

图4-21 展示中的产品介绍

图4-23 店铺提供免费无线网

图4-24 价格说明

不同的快时尚品牌对促销、助销工具的使用程度也不尽相同。在ZARA的门店，几乎看不到“促销”信息，最多在每个区入口处模特的衣服上看到“促销”字样，这种促销牌使用方法稀释了顾客对促销的敏感度，从而不会给消费者带来这个品牌一直在促销打折的感觉。

在助销工具的使用上，促销、助销工具应便于展示和安装，尽可能做到灵活合理，既能有效地提升快时尚的门店活力，又不会显得杂乱无章。

增加关联陈列不单单是为了门店销售额，更重要的是增加品牌辨识度，降低顾客的寻找难度，从而让顾客能够更加简单、愉悦地购物。只有一切从顾客出发，以顾客的眼光和心态看待问题，才能更加深刻地体会陈列，理解陈列。

美国本土快时尚品牌Old Navy深谙此道。巨大的促销打折海报贴在店铺外，还有数量足够多、色彩足够艳丽的促销广告牌分布在店内，每块广告牌上面都写着非常诱人的价格与折扣。这显然是在告诉进来的顾客，我们的产品在打折，现在买是最划算的（见图4–25、图4–26）。

图4-25 Old Navy店铺局部

图4-26 Old Navy广告牌陈列

快时尚店铺多为自助购物，所以会在店铺陈列上做一些引导标记，在区域详细分块的同时也便于顾客购物，见图 4-27、图 4-28。

图4-27 引导标记

图4-28 区域划分

4.3.6 收银台宽，试衣间多

快时尚品牌门店通常人流量较大，交易量也较大，为了能方便顾客试穿产品并顺利购买，它的试衣间数量必须足够多。同时快时尚品牌门店必须设置数量足够并且合理的收银台来方便顾客完成交易，使顾客能够随时轻松购物付款，以增加销售额，否则会导致部分销售额流失。

通常来讲，快时尚店铺收银台宽敞明亮，有多个付款窗口，便于顾客进行付款。此外，也可以利用收银台的宽敞空间进行品牌形象展示，给顾客带来美好的购买体验，如图 4–29、图 4–30 所示。窗口开放也可以根据人流量进行调整。试衣间数量较传统服装店铺多，因此没有设计得特别宽敞，虽然整体的感觉很简单，但是该有的设备基本上都一应俱全，例如座椅、挂衣服的挂钩等，见图 4–31。

图4–29 TOPSHOP店铺收银台

图4–30 GAP收银台

图4–31 GAP试衣间

基于其独特的运营模式，快时尚品牌是以最快的时间向消费者提供时尚和廉价的服装商品，在人头攒动的店铺里没有比人们停下来休息而导致商家损失顾客、减少销售量更糟糕的了，所以往往在其店铺中没有休息区。

4.3.7 仓库小，展示空间大

快时尚主要包括三方面含义，即上货快、平价及紧跟时尚潮流。而消费者对时装的功能性需求远远小于心理需求，时装涉及满足消费者审美体验、自我实现等心理诉求，而快则是满足这些诉求的基本条件。为了能够营造一种价格低廉的氛围，尽可能满足不同时尚需求的消费者，通常其款式数量庞大，这就要求快时尚品牌店铺极尽所能地增加产品展示空间，增加新产品的曝光度（如图 4-32 所示）。因此，快时尚店铺中就不可能有很大的空间用作库存去满足那些找不到合适尺码的消费者，相反，正是因为其新产品数量很有限，合适的尺码非常抢手，从而会促使消费者毫不犹豫地购买产品，完成交易。所以，我们逛卖场时经常可以看到快时尚店铺大量使用服装挂杆（如图 4-33、图 4-34 所示）。店铺卖场已经作为仓库去适应产品的数量的理由显得是那么充足。

图4-32 快时尚品牌店铺展示空间

图4-33 Forever 21店内产品展示

图4-34 Forever 21店铺陈列挂杆数量较多

4.4 快时尚陈列的独特性

4.4.1 风格定位与人群相适应

有效的视觉营销策略首先应明确提出品牌定位与个性，突出卖场主题的差异性，这样才能站稳竞争市场，给顾客留下深刻的印象。快时尚品牌亦是如此。不同的快时尚品牌明确提出自己的品牌定位与个性，即与同类品牌竞争的差异性，运用卖场环境的格调、空间布局、灯光、色彩、材质感以及道具装饰品所营造的主题气氛，来传达品牌独特的信息。店铺风格的定位首先要与店铺服装商品的定位相适应，其次需要与定位人群相适应，不同的销售终端、不同的品牌拥有不同的消费群，客流来源不同，消费能力也不同。

ZARA 的服装是针对 25 ~ 35 岁追新求异的时尚年轻人设计的，“平价、高端、时尚”这一品牌口号明确了它的定位，因此几乎所有 ZARA 卖场的主题都围绕着：“平价的时尚”与“可接受的奢侈（afsordable luxurary）”（见图 4-35）。ZARA 在其卖场风格上走的是较上档次、高端、

图4-35 ZARA店铺风格

贴近欧美时尚的路线，与自身的商品风格相适应。有趣的是在高端时尚的装裱下它的产品确实显得如此“亲民”，卖场的陈列与风格也与其特殊的运营模式不谋而合。

橱窗服装陈列是品牌形象的重要窗口，也是传递新货上市以及推广主题的重要渠道。位于英国牛津街的 ZARA 店橱窗陈列设计也很有特色，都是采用明暗色调设计，只是运用背景设计不同来区分衣服的款式和风格，见图 4-36。

图4-36 ZARA店铺橱窗简洁高雅

4.4.2 出奇制胜的色彩运用

色彩传达信息的速度胜过图形和文字，它不仅能够表现愉快的消费环境，而且还可以给消费者提供美丽的视觉享受。对于一个展示空间来说，其色彩的成功与否，要看观众的视觉和心理感染力。在卖场陈列中，为了达到良好的效果，除了灯光、装饰、道具等因素外，还有一个关键要素——色彩。色彩给人的感觉是最为强烈的，因此充分研究色彩并恰当地运用色彩，在卖场陈列中必不可少，对于快时尚品牌来说常常可以出奇制胜。

ZARA 就是个很好的例子。ZARA 的整体店铺色彩大多数采用黑白或者黑色与浅色等对比色，这是一种欧美高端奢侈品品牌惯用的色彩规律。ZARA 通过色彩很直白地突出店铺及其产品高端、时尚、流行的形象，并以其看似低廉的价格打动消费者（见图 4–37）。

图4–37 ZARA店铺中的色彩运用

4.4.3 模特使用

服装模特展示在店铺设计与陈列中具有非常重要的意义，它能体现出一个服装店的整体风格和展示艺术，同时也升华了服装店的文化理念和品质。在零售环境下使用模特最重要的目的是实现关联陈列。使用模特，可以把多件衣物穿戴起来，以充分展示服装、辅件、配件，并且它是一个比较完整的立体陈列。这些商品穿在模特身上，可以向消费者展示它们是如何搭配在一起，变成一个完整的时尚形象的，而不是一件衣服呆板地挂在墙面或展具上。这可以很好地激发消费者的即兴购买欲望（见图 4–38）。

同时，模特服装搭配展示结合产品介绍，也更能挑起消费者的购买欲，见图 4–39。

图4-38 男模特货架组合展示

图4-39 UNIQLO模特服装搭配展示结合产品介绍，背景与模特陈列相互映衬

快时尚店铺善用模特的千姿百态，它们使用模特的各种形态来展示人们生活和运动中的体态（见图4-40、图4-41、图4-42）。因为实际上吸引顾客的，不仅仅是商品，还有一种微妙的生活信息。生活信息就是人性元素。在消费者和模特接触的一刹那，这些模特是真的人，而不是假的、不会呼吸、没有生命的陈列物。

此外，有时候使用坐姿或者是睡姿的模特更能体现现实生活气息。坐姿或睡姿展示人放松时的姿态，正如一个人站累了会坐下来、躺下来一样，这种姿态赋予模特更多人格，更能描绘生活画面。

图4-40 H&M半身模特组合

图4-41 H&M高低错落模特组合

图4-42 TOPSHOP行走的模特

商店一般选用白色模特居多，因为白色通常不会和陈列商品相冲突。事实上，颜色并无优劣，只要运用得当或者足够大胆，就容易把自己从竞争者中剥离出来。模特应该有很多形状和大小，更应该有多样的花型和色彩选择（见图4-43）。

图4-43 H&M包布脸模特

除了多样的颜色和形状，不同的服装穿法是模特道具的另一种变化手段，如图 4-44、图 4-45 所示。

图4-44 SUPERDRY模特道具薄厚搭配的层叠服装穿法

图4-45 纽约LEVI'S SOHO店加入亮色点缀的同色系搭配陈列

4.4.4 道具选择

由于半身和部分体模特较小，可以用在其他地方作为视觉道具。它们虽然只是身体的一部分，但可以增强人性化的元素。无论是大店抑或是小店，它们都能起到装扮视觉焦点区域的效果。

快时尚展示道具功能全。为了确保整个店内都洋溢着精品店的氛围，将极少量的鞋品、配饰和服装一起销售。在展示桌上，精美鞋款与叠放的服装并排齐放着；朝外摆放的悬杆之上同时挂着包款和服装；而兼具货架及挂衣杆功能的展示用品则更是集合了配饰、鞋品和服装三类产品。

快时尚的新趋势：快速并不代表随意，快时尚也越来越精致（如图4-46、图4-47 所示）。

图4-46 H&M复古地毯道具，凸显品质感与奢华感

图4-47 H&M皮质沙发

以美式休闲著称的 J.crew 品牌在视觉展示中经常别出心裁地使用有趣的道具。如图 4-48 所示，该品牌夏季橱窗中所选用的模特虽然简单，但通过服装搭配使其视觉效果丝毫不逊色于 T 台上的超模；尤其是充满幽默感

的螃蟹和龙虾道具攀爬在墙壁上，与模特的造型与服装相呼应，传递出该品牌一贯推崇的知性与雅皮风格。可以说，小小的道具在陈列中起到了画龙点睛的作用，增添了橱窗的视觉吸引力。

图4-48 J.crew品牌橱窗中趣味性道具的使用

4.4.5 灯光照明

照明对于服装店铺来说非常重要，尤其是快时尚品牌。首先，灯光可以凸显店内所陈列商品的形状、色彩、质感，吸引路人注意，引导其进入店内。因此，卖场灯光的总亮度要高于周围的建筑物，以突出卖场明亮、愉快的购物环境。其次，光线可以吸引顾客对重点陈列商品的注意力。适当的灯光布置可以使平淡的东西变得更加美丽，时尚、光亮的卖场会吸引消费者进入。不同的光照对人的视觉感受和心理会产生不同的影响，对消费者的购买情绪起着非常重要的作用。

由于快时尚品牌的目标消费者对服装的要求不同于一般传统消费者，其对于视觉感受更为敏感，更容易受到视觉刺激和影响，因此，在灯光的选择上要注重目标消费者的视觉感受，满足消费者的各方面心理需求。所以，灯光的处理要尽量柔和舒适并凸显时尚感，方便顾客挑选产品。在布置上要突出重点，突出快时尚品牌特色，特别是橱窗展示区域；要营造前卫时尚的环境，空间以通透的照明为主，显得宽敞明亮，商品清晰可见（见图 4-49、图 4-50）。

图4-49 H&M店铺导轨灯

图4-50 H&M店铺灯光照明

例如 H&M 店内光线设置的重点是打在模特和核心展示区域，明暗度可适当调整，但总体的原则是“需要灯光打亮店铺的所有区域”；而在性格迥异的 Abercrombie & Fitch 店内，昏暗迷离的灯光处处都在向人们昭示，这是个标准的“夜店 Pub”。

图4-51 伦敦FOREVER 21牛津店灯光照明

在 FOREVER 21 店内，带灯光照明的固定装置扮演着重要角色，桌内及墙内的发光板可从底部照亮整个产品。这些灯光柔和的面板为店内营造出优雅华丽的美感，甚至能让古董家具瞬间散发出现代气息（见图 4-51）。

4.5 快时尚店铺陈列其他需要注意的问题

4.5.1 宣传语画报

自然生动的海报宣传资料能在无声的环境里进行情景倾诉。海报宣传资料可以在封闭、半封闭式的橱窗中使用，经济实用，还便于店铺的陈列执行。快时尚品牌的陈列师深谙此道，故借由时尚流行趋势中获得的信息在海报中得到延伸（见图 4-52）。

图4-52 TOPSHOP海报宣传

4.5.2 配饰陈列

在服装陈列中，除了主角服装以外，道具和配饰为橱窗增色不少。陈列中如果没有配饰，服装的品位及时尚度就会大打折扣，橱窗的吸引力和顾客进店的欲望也会大大降低。配饰和服装的搭配是陈列的重点所在，所以精益求精地做好配饰的搭配是非常必要的。

在 H&M 的配饰区，琳琅满目的道具和固定装置让人眼花缭乱。一张融入了现代元素的桌上，首饰被放置在盘中，仿佛是一道美味可口的甜点。此外，用铬合金制成的分层架、局部模特道具等主要固定装置则打造出井然有序的购物环境，而在这些装置中，从围巾到帽子，从钱夹到手机套，各类配饰堪称应有尽有，如图 4-53 所示。

图4-53 H&M配饰陈列

在细节陈列方面，内场部分叠装很有特色，没有硬纸板的叠装更加自然，也是鼓励顾客大胆地去触碰商品；品牌的 LOGO 是靠两件上衣拼叠出来的，每个细节都经得起考量。 并且，每件叠装的衣服上都有整齐的透明尺码标签，如图 4-54 所示。

图4-55 透明标签

4.6 案例分析

本节以快时尚 H&M 作为案例进行分析。

空间设计：店铺分三层楼，布局全球统一。店铺按生活情景展开，明朗、简洁。H&M 货品系列包括流行男装、女装、童装、牛仔系列和鞋履、配饰等，如图 4-56 所示。

图4-56 H&M店铺空间设计

H&M 店铺的形象区，模特数量不多，陈列方式有所突破。服装搭配采用中性色——黑、白、灰，生活休闲风格，配合陈列道具，提供贴近真实生活的服装搭配，情景再现，如图 4-57 所示。

图4-57 H&M店铺形象区

陈列方式：每面墙展示的陈列颜色为 3 ~ 4 个，（基本色 1 ~ 2 个，流行色 1 ~ 2 个），深浅结合，在保持色彩平衡的同时丰富视觉效果。充分利用套穿和配件，展现款式的丰富性（如图 4-58 所示）。

利用展台提高模特的展示位置，形成视觉焦点，有效展示区域风格和主题。

图4-58 H&M店铺陈列

4.7 小　结

陈列，是一种理性与感性的交叠。对于门店来说，陈列和产品组合是两大核心。产品组合体现着买手的能力和满足消费者需求的能力，也是陈列设计的基础。而陈列体现的则是陈列师的能力，它要求陈列师同时具备感性和理性的综合素质。

首先，陈列是基于客户购买行为和品牌定位之上的，它显著地提高了服装在 NTA 方面的指标，即 N+Triple A (Noticed、Available、Affordable、Acceptable，被关注、拿得到、买得起、乐得买）这四个关键指标要素。其次，陈列是对店铺资源的综合利用。围绕着店铺运营的核心指标——坪效，运用有限的资源进行有序的陈列，集中提高空间利用率，从而提高坪效指标。

近年来，快时尚类服装品牌得到迅猛发展，在秉持着一贯“快”的风格向市场渗透的同时，也给自身的扩张和管理带来了一些相应的难题，即如何更快捷、更有效地展示出快时尚的产品。此外，很多本土的服装品牌也开始模仿和学习那些成功的国际快时尚品牌，而学习和模仿的前提必须是正确地解读这些标杆企业的做法。

第5章

时尚明珠：买手精品店陈列

Fashion brand

Fashion brand

5.1 买手店概述

买手店是产生于20世纪60年代欧美国家的一种零售店铺模式。它以准确的目标顾客以及独特的时尚观念、品位为基准，通过买手采购不同品牌的时装、珠宝、鞋包饰品及化妆品，集合在一起销售。这样的运营模式称为买手模式，或买手制。不同于传统的百货公司，买手店中的款式是凌驾于品牌之上的，具有明显的买手个性和风格烙印。如图5-1所示为美国精品买手店CURVE，店铺陈列及货品选择都明显带有买手的个性风格，以目标顾客的独特时尚观念和趣味为基准，将不同品牌的时装、珠宝、鞋包饰品及化妆品等商品集合一身。

买手店的零售模式最初以街铺形式为主，通常位于商场内，成为独立的店中店。目前，买手店的规模已从原先的小型店铺发展为大型的百货集团。买手模式在20世纪末传入我国内地。近几年，得益于国内商业环境的发展与消费者需求的变化，买手店在我国迅速兴起。

目前，买手店按照店铺规模与运营方式大致可分为五类，分别是：大型买手制百货商店（multi brand department store）、中型买手零售店

图5-1 美国精品买手店CURVE店铺空间展示

（boutique select shop）、小型独立买手店（single unite independent store）、买手店中店（shop-in-shop）以及买手品牌集合店。

5.1.1 大型买手制百货商店

大型买手制百货商店（multi brand department store）的出现已有近百年的时间。不同于中国百货商店联营制的经营模式，欧洲传统百货基本都以买手形式操作。例如，美国的梅西百货（Macy's）、布鲁明代尔（Bloomingdalel's）、法国的巴黎春天（Printemps）、老佛爷百货（Lafayette）以及英国的玛莎百货（Marks Spencer）等，都属于大型买

图5-2 美式精品买手店的代表 Barneys New York

图5-3 法式精品买手店的代表巴黎春天Printemps

手制百货零售模式（见图 5-2、图 5-3）。这种模式的共同点在于买断货品、独家经销、自有品牌这三种运营模式。与品牌自己开设的直营或代理商做的专卖店铺不同，买手制百货公司以品牌独立专柜形式销售，但仍由自己雇佣的买手进行款式挑选。

5.1.2 中型买手零售店

以香港时尚专门店连卡佛、JOYCE、I.T 和国内森美（Sammy）等为代表的中型买手零售店（boutique select shop）的特点是：运营模式以买断经营为主，商场内以类型销售商品，而不是以品牌为单位进行划分。例如，连卡佛的运营模式为买断经营模式，商场派买手到世界各地采购流行商品，成为诸多欧洲著名品牌的代理商。I.T 的运营模式同样以买断经营为主，但也有自由品牌，它既代理了来自世界各地的国际一线及它们的附属二线品牌，又开发了男、女装的自有品牌。

以香港为基地的精品买手店 JOYCE 一直是前卫与独立时尚的代名词。近年来，JOYCE 买手店被连卡佛集团收购之后，在内地发展很快，开设了多家连锁店铺，成为中型买手零售店的代表品牌（见图 5-4）。JOYCE 店铺的视觉营销一直被

图5-4 来自香港的精品买手店JOYCE的店铺陈列

人所称道，每间店的空间设计与陈列都可圈可点。

5.1.3 小型独立买手店

小型独立买手店（single unite independent store）受地域条件限制较少，店铺规模较小，它们只为小众人群服务，锁定一个消费群，专为这群人采购。买手的判断力与决定权对店铺经营的影响十分重大。因此，顾客也会有很高的忠诚度，更吸引不少请买手代购的高端消费者。例如：许多在香港取得成功的买手店铺，如D-mop、Shine* 等，以及一些在内地新出现的个性化买手店铺，如吾号、栋梁、S.T.A.R.S、药 Triple-Major 等。还有一些颇具特色的高级定制买手店，譬如由法国贵族担任老板的高定买手店LES SUITES。这些店铺里面除了大众熟悉的品牌，大多数是只有小众认识的新晋品牌，还会挑选拥有特立独行的时尚精神的先锋设计师作品，趣味特异，颇具个性，针对很小的特定消费群体。

小型独立买手店更加注重独特的店铺视觉效果。如图5-5所示，法国巴黎精品买手店 Colette 的店铺橱窗通透，可以看到店内最新的产品陈列。柔和的灯光与经典的材质配合，让店内的陈列显得既时尚又摩登，精准地体现了 Colette 买手内敛的高雅气质。

图5-5 法式精品买手店Colette创意视觉陈列

5.1.4 买手店中店

买手店中店（shop-in-shop）通常开在百货店或大型商业综合体内，是一间独立的店铺。店中店都是某一种品牌的专卖店，它的形式和管理比商店内其他柜台更为专业和专一，店堂布置有自己独特的风格以凸显品牌文化特色。买手店中店的形式不同于一种品牌的独立店铺，它经营多种品牌并按品类陈列。由于大型商店拥有巨大的客流量，无论顾客是否属于自己的目标客户群，客源集中的商场都利于提高进店率，这是吸引买手店中店驻店商场的主要原因。

如图 5–6 所示，坐落在巴黎时尚中心的买手店铺 Maria Luisa 的内部设计和陈列，一如法国女人身上散发的气质，黑与白的简单优雅，没有趣味多变的陈设和创意，也不展出与时装无关的其他艺术作品，让进入店铺的顾客关注的焦点只在时装上面。这种整体风格不但贯穿于 Maria Luisa 的街边买手店铺中，也体现于开设在巴黎老牌百货 Printemps 中的店中店里。后者的店铺视觉更强烈地表达了品牌的黑白简洁时尚风格（见图 5–7）。

图5–6 巴黎Maria Luisa买手店在街边店铺的门头设计

图5–7 巴黎Maria Luisa开在巴黎春天百货店中店的视觉展示

5.1.5 买手品牌集合店

买手品牌集合店，也被称为品牌概念店（concept store）。“概念店”这个词汇源于欧美，流行于日本，用来形容那些风格独特、创意鲜明的店铺。概念店是指在一家统一名字的店面里，汇集了几个甚至几十个品牌的当季时尚新品，整合包含了服装、家具家居、装饰品、鞋、包、首饰等各个时尚品位方向的产品。集合店的出现给了习惯现代消费的人群更大的惊喜。它采用全程顾问销售模式，根据顾客的需求，为其介绍、推荐量身定做的配套产品。买手品牌集合店的核心也为买手式经营。

时尚业相对发达的欧美国家的买手品牌集合店发展得更为成熟。例如：意大利的高级服饰品牌集合店 Fuleight、GIAMMA BRUNS 集合店、美国洛杉矶的买手精品集合店 H.lorenzo（见图 5–8）、日本 BEAMS 潮流品牌集合店、法国巴黎的时尚生活方式设计概念商店 10 Corso Como、法国 SEPHORA 化妆产品集合店等。国内则有中国原创设计概念店薄荷糯米葱（BNC）、雅澜买手集合店（见图 5–9）、Alter 凹凸前沿概念店、一尚门（The Fashion Door）多品牌集合店、C&J 设计师品牌集合店、ITS 国际名品集合店、JAVECE 等基于买手制之下的时尚品牌集合店等。

图5–8 洛杉矶买手精品集合店H.lorenzo

图5–9 国内的买手店代表——雅澜买手集合店

5.2 陈列划分标准

店铺是整个服装产业链的终端，是实现产品价值的最关键环节，也是获取利润的必要渠道。它担负着展示商品、完成销售的重要职能。随着零售业竞争日趋激烈、市场营销手段不断进步，店铺已不仅只是个销售场所。通过店铺陈列区域划分，根据不同需求及特点进行陈列，得以传达企业形象、品牌定位及品牌理念。

5.2.1 按销售区域划分

对于店铺而言，可以根据面积的大小、人流量的多少进行销售区域划分，按销售区域的不同采用不同的陈列，大致可以分为如图 5-10 所示的橱窗、A 区、B 区和 C 区。

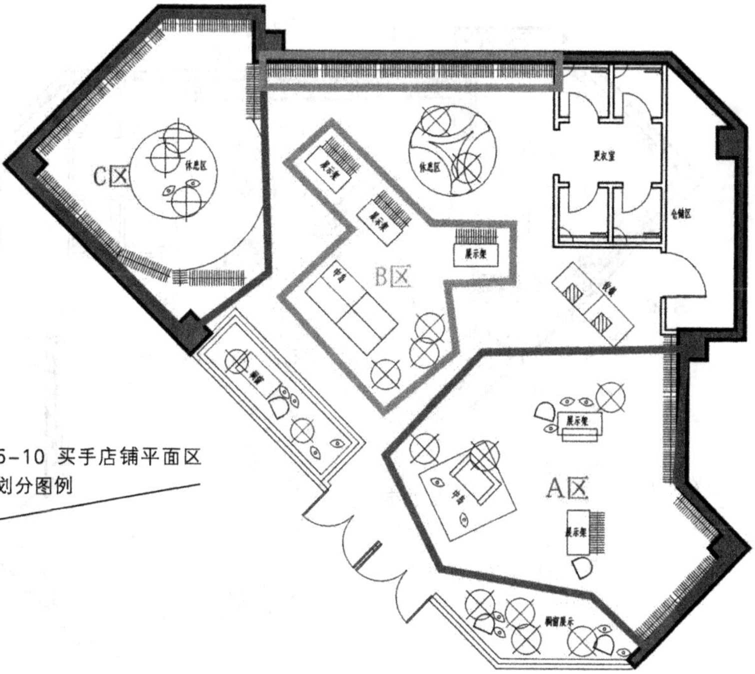

图5-10 买手店铺平面区域划分图例

A 区为店铺的最佳位置，面向正门，最显眼且客流量最大。在这一区域，主要摆放新款、易销售的商品和主推商品，同时，新引进的品牌也可以在这一区域呈现。

B 区属于店铺次佳位置，有一定的客流量。在这一区域可以摆放易销售的商品和主推商品。中岛部分加强陈列设计，吸引顾客注意力。

C 区视觉欠佳，较容易被顾客忽略，一般摆放过季或者断货的产品。但如果善加利用，采用较为特色的陈列形式，也能吸引顾客眼球。

5.2.2 按色彩划分

从色彩角度结合产品陈列方法对产品进行重新排列组合，创造出符合独特买手风格及流行趋势的色彩展示方案，以传递独有的品位。色彩陈列对视觉营销的作用主要体现在：（1）突出店铺的主题风格与品牌文化；（2）整合当季产品的色彩美感和增强表现力；（3）强化卖场的视觉区划，方便顾客选购。

店铺货品根据当季的主题色系与新货颜色比例进行区域划分，尽量做到

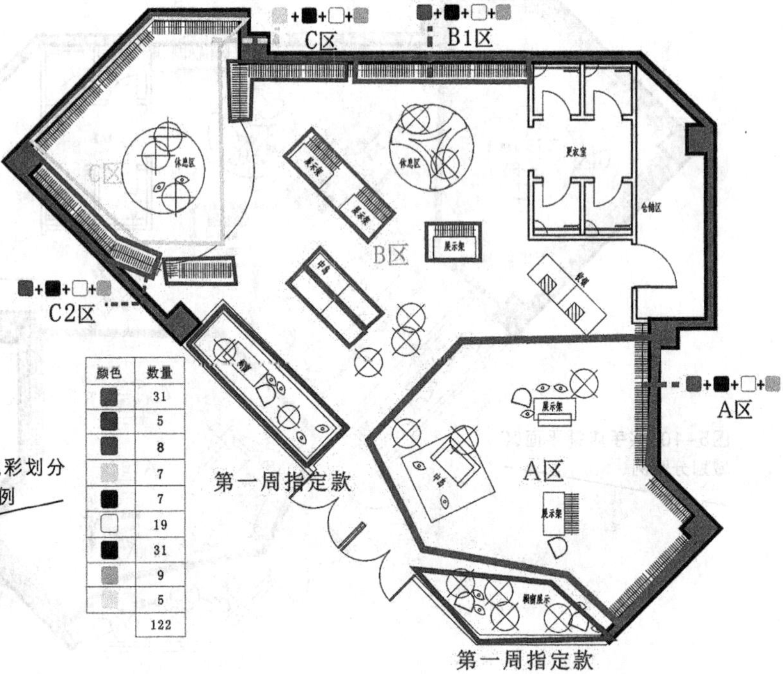

图5-11 按色彩划分店铺平面图示例

店铺整体色彩搭配和谐，并能清晰地辨别出主打色系。进行店铺色彩区域划分时，切忌杂乱无章，没有主辅之别，什么颜色都有。主题颜色确定后，其他颜色就应与主色相配，在风格上不能有太大差异。如图 5-11 所示，该卖场根据色系把店铺布局分为 A、B、C 三个区域，确定每一个区域由哪些颜色组成，把商品进行划分。当季主题颜色为蓝色，店铺陈列货品以蓝色为主，其他色彩为辅。

色彩是区分产品系列的重要标准，陈列师可以根据色彩系列进行分区陈列。大多服装品牌在前期的服装设计时就已经使用了色彩企划的方法，即按照色彩、色系来开发款式。有些品牌更将色彩作为制定主题的依据。这些都为后续的店铺陈列打下了色彩分区的基础，陈列师们只要按照色彩主题进行分区展示就可以了。

如图 5-12 所示的买手店铺 Le Lutin 内，以及图 5-13、图 5-14 的 VDS 买手 showroom 与栋梁北京店铺中，都采用了色彩分区陈列的方法。

相对于品牌专卖店来讲，买手店的产品门类更加复杂，产品风格更加多样，甚至有的集合店铺拥有几十个品牌的服装系列。它们的设计主题不明晰，产品风格不统一，给店铺陈列带来了很大困难。选择色彩区分陈列，可

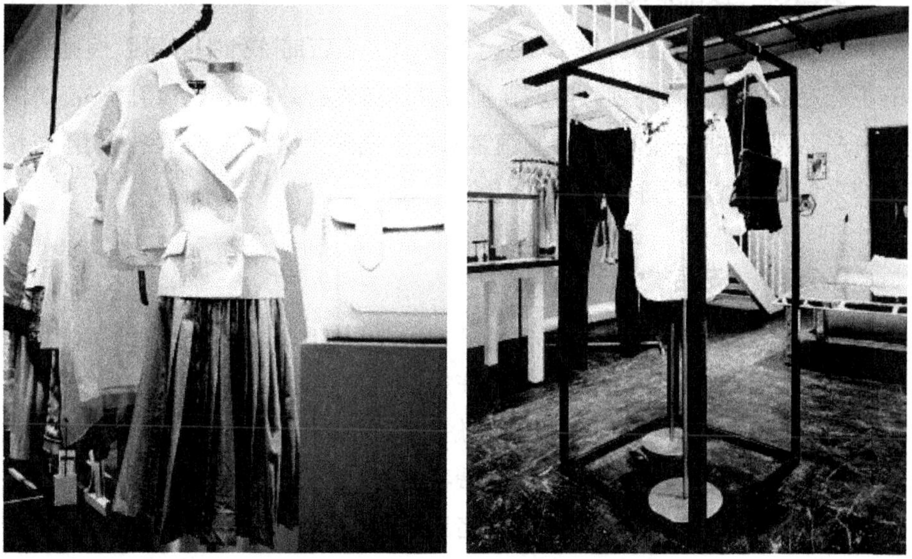

图5-12 买手店Le Lutin

以"快刀斩乱麻"地迅速找到分区展示的依据，达到简单易行、效果好的目标。按色彩划分的另一个好处是容易给顾客带来最直观的视觉感受，店铺区域模块分明，即使是"外行"的顾客也能随心所欲地挑选和搭配服装。

图5-13 VDS买手showroom店铺陈列

图5-14 栋梁买手店铺服装陈列

5.2.3 按品牌划分

不同的品牌会有自身的DNA，在时尚买手店铺陈列中，可以根据品牌的不同定位，按品牌来划分区域，抓住其特点进行陈列展示，将同一品牌的所有产品展示在同一区域，方便顾客识别。很多大型买手制百货公司都是按品牌来划分区域进行陈列的。

5.2.4 按品类划分

买手店的最大特征是产品线丰富（如图5-15所示），品牌庞杂，这在满足消费需求方面是一种优势，但在店铺展示和陈列过程中就成了一种劣势，形成了买手精品店铺陈列中最难解决的问题之一。成熟的精品店各个区域划分清晰明确、条理分明，使消费者自然把注意力集中到产品本身，在提高销售频率的同时也可以给消费者留下良好的购物体验，吸引其再次消费。具体来看，买手店内不同种类的产品往往以分区的方式分别陈列（如图

5-16 所示）；陈列同种类产品时多以品牌或风格两种划分方式为主。

图5-15 Barneys New York 精品买手店

图5-16 Barneys New York 精品买手店帽子区

5.3 追求个性化与独特性

成功的店铺空间设计能够体现品牌定位、设计品位以及品牌背后演绎给消费者的生活概念和文化理念。买手精品店铺的消费者大多为新富阶层，年龄段处于 80 后或 90 后，包括公司白领、名媛、海归以及时尚工作者等。这类消费者喜好新鲜事物，对产品有一定的见解，喜欢有创造力、能突出个性的小众产品，与众不同是他们所追求的。因此，买手精品店铺的陈列设计更富有创造力、更具个性化，店铺内的主题性强、陈列道具别致独特，店铺的陈列有时候更带有设计师或买手店主个人的风格。

坐落于北京地安门老胡同里的 S.T.A.R.S.，中文名称是“丝头爱染色”，名字独特，店铺陈列也别具一格。朱红色的大门（如图 5-17 所示）强调了它的中国元素，院落的水池里洒上了玫瑰，窗户的设计也是典型的中式风格（如图 5-18 所示）。一层店铺全景通透通，极具空间感，道具材料使用金属和木料，重视细节，空间布局敞亮，货品充实而不杂乱，精致而有韵律，充分体现了买手式精品店铺陈列与货品相得益彰的效果（如图 5-19 所示）。

图5-17 北京S.T.A.R.S店铺的个性门头设计

图5-18 北京S.T.A.R.S店铺窗户

图5-19 北京S.T.A.R.S店铺内部

买手精品店铺的陈列主题较其他类型的店铺更为明确与细分化，主要分为以下几点：

5.3.1 结合品牌基因

在突出买手店铺独特个性的大命题下，店铺基因元素的提取和使用已经成为店铺陈列的一部分。买手店铺的橱窗陈列中常常会直接使用店铺的DNA 主题，对自然气候的模仿可谓细致入微，无论是静态的着装搭配展示，还是环境道具的布置以及利用灯光对光线的模拟，运用特殊技法对风和空气氛围的模拟都已经达到了非常逼真的程度，这些都紧密连接了季节特征与服饰搭配风格两者之间的关系。法国买手店 colette 在陈列的元素中加入了品牌 DNA 元素，蓝色波点成了陈列的道具之一，不仅在橱窗上展现，在产品上也同时呼应，如图 5–20、图 5–21 所示。

图5–20 法国买手店colette 橱窗陈列

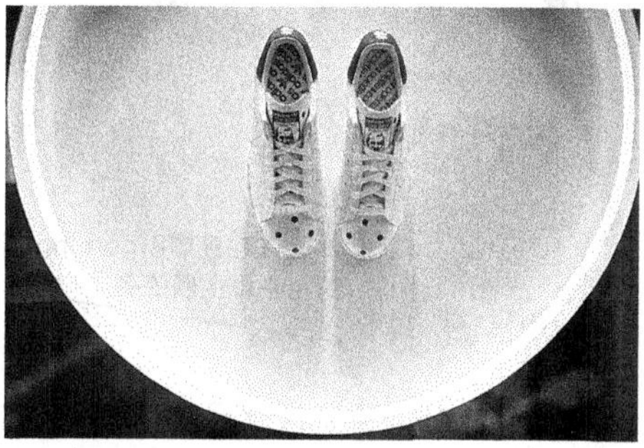

图5–21 法国买手店colette 橱窗产品

5.3.2 结合设计主题

买手精品店铺的主题性不仅体现在对店铺基因元素的表达上，同时还要结合每一季的产品企划主题和陈列主题。如图 5–22 所示，美国买手制百货商场布鲁明戴尔（Bloomingdale's）为了体现当季产品主推的机车（Motorcycle）主题，运用了跑车轮毂作为道具，简单便捷地达到了与服装主题呼应的效果。轮毂的金属反光质感和黑色皮质上衣以及白色内搭衬衣的陈列组合很恰当地诠释了机车主题的反叛与性感。图 5–23 所示是其以灰色牛仔为主题而设计的陈列，同样取得了很好的效果。

图5-22 美国Bloomingdale's机车主题陈列

图5-23 美国Bloomingdale's灰色牛仔主题陈列

5.3.3 结合流行趋势

设计店铺陈列主题时，有时候会对时尚流行趋势的主题进行分析和提炼，找出其中适合于本品牌的设计要素，然后，根据这些设计要素进行系列设计，开发出几个系列主题鲜明和风格统一的产品。陈列设计师在店铺陈列时会把它表达出来，做出既符合时尚流行趋势又忠于品牌自身风格的设计。

5.3.4 结合生活形态

服装作为时尚生活的一部分，重要的是要体现对理想生活形态与方式的追求和畅想。店铺陈列的作用正是连接顾客与商品，是对生活形态趋势的反映，也是顾客对服饰品牌认同与否的表现。所以，在陈列中讲述的每一个故事都应当是简明易懂的。独立买手精品店铺栋梁位于上海的店铺呈现出自然田园式的中国式时装生活馆，店铺内把场景塑造古朴恬静、悠然自得，表达了消费者所向往的生活状态以及对美好事物的追求。

精品买手店以"精"著称，其优势不仅在于产品，更重要的是这些具有一定品味的经营者对时尚和服务有着新的理解，他们带给消费者的不仅仅是视觉上的震撼。音乐、香氛、食品，定期举办的艺术展览和沙龙，甚至开设自营的酒吧与酒店，力求从听觉、触觉、味觉和嗅觉等各个角度给消费者以新的享受和刺激。

图 5-24、图 5-25 所示的位于上海田子坊入口处的 TASTE SHOP 是一家重视消费体验的买手店铺。店铺灰色的外墙和大幅的玻璃，外加字体经过特别设计的黑色店名，传递出一种现代哥特的感觉。店铺分为上下两层。

图5-24 TASTE SHOP 买手店铺展示效果

图5-25 TASTE SHOP 买手店铺模特出样

下层作为常设商铺，展柜以古董家具和设计师家具为主；二层小空间作为特别展示区域，经常会有朋友以及其他艺术家的各种类型优秀作品展示。

TASTE SHOP 店内产品门类丰富，囊括了日常生活中所需要的各种用品，从餐具到首饰，从洗衣用品到灯具，甚至连家具都可以找到。店铺用 TASTE 作为店名想传达一种生活态度——在对生活的尝试和品鉴、对物质与五感的接触过程中，个人最终的真实感官抉择就是品位。买手店就应通过展示设计来调动顾客的感官，品味、感受并直白地表达出最真实的生活形态。

5.4 空间设计

谈到视觉营销，陈列人员就开始充分发挥创意，展示自己的艺术才华，通过不同的形式方法塑造与众不同的“美”。与此同时也容易把店内的墙壁、地面、货架、灯光等设计得过于烦琐或艺术，反而抢了产品本身的风头，造成喧宾夺主的现象，所设计的背景并没有很好地衬托产品，反而使其黯然失色。虽然陈列设计要有创意才能引起兴趣，但也要控制好度，才能真正起到营销作用。

现代零售店的布局总的来说可以归纳为三类：通道式、方格型和自由式格局。当前零售店一般采用自由式格局，其布局模式表现为不对称地安排货柜、展示台和通道。通常这种布局的购物路线宽阔，大面积的开放空间，结合一些小道具和灯光，营造出轻松、愉悦的卖场环境，非常适合买手精品店独特的风格。在这样的环境中，消费者的购物体验大幅度提高，并且愿意在店内投入更多的时间浏览，从而提高各类产品的曝光率。舒适开阔的购物空间也有利于店员容易看清顾客的行动，及时提供有效服务。

自由式格局的缺点表现在较低的空间利用率。为了创造宽敞的购物环境，不得不牺牲商店中一些展示和储存空间。同时，自由式格局营造的休闲浏览方式可能会导致客流量减少，顾客行动的自由也容易导致顾客容量有限。这就要求在卖场的设计中加强通道畅通意识，不可一味追求空间利用率和商品展示量。表 5–1 归纳了自由式格局的特点及其优缺点。

表 5-1　自由式格局的特点

购物体验	较强
商品曝光率	较高
顾客容纳量	较低
提供服务	方便
空间利用率	较低
顾客掌控度	困难
成本开销	较高

时尚买手店在进行店铺空间设计时要遵循以下原则。

5.4.1　平衡原则

在保持时尚买手店统一的设计风格和定位的前提下，结合色彩、面料、款式等流行趋势，注重整体店铺内的组与组、色系与色系区域之间陈列的面料、色彩、款式以及件数等的平衡。图 5-26 所示为国内买手店 The Fashion Door。店铺陈列充分体现了空间设计与店铺风格的平衡原则，即在相同的陈列面积中，尽可能地保持件数的一致性及色彩的平衡，保持整个店面的色彩平衡感，款式风格一致，实现了买手店的视觉设计风格与品牌风格的高度统一。

图5-26 The Fashion Door买手店铺

5.4.2　以人为本

空间的设计要强调以人为本的原则。店铺内通常运用柜台、灯光、道具等将空间垂直或水平分割成若干个区域。设计时要注意变化与统一相结合，空间的风格应与产品的风格相符合。可以利用壁面的镜面设计使店铺空间向四周扩大。小型独立时尚买手店在店铺空间分布设计中，将西方文化概念与东方装饰陈列手法融合，采用镜面的方式，在视觉上给消费者造成一种空旷的错觉，如图 5-27 所示。也可以通过不同的物体或色彩对比来拉开物体前后距离，衬托产品，加强空间感，把空间设计得充实且富有节奏，并划出店内通道和引导顾客的线路。

图5-27　买手店铺陈列展示

此外，买手店不仅要提供各类产品的展示陈列空间，而且要有消费者休息、洽谈、更衣等空间。因而要依据买手店店铺空间的大小及形状，考虑前后左右的关系，精心设计规划。

案例分析

凹凸买手概念店（Alter）是一位海归买手在上海开设的多元化时尚概

念店。店铺除了品牌以及产品选择独具特色外，店铺视觉营销也做得独一无二。整个空间处于失重状态，没有上下左右之分，自然规则不复存在，充分体现了买手店的另类（店名 Alter 即是英文单词“另类”的前半部分）概念。Alter 的楼梯设计成整个设计中的独立元素，它覆盖整个空间，如折纸般创造出灵动的空间感，如图 5-28、图 5-29 所示。店铺试衣间的镜面设计也很独特，折射出深邃曲折的空间感，如图 5-30 所示。

图5-28 Alter买手店内另类的台阶设计

图5-29 Alter买手店的独特空间设计

图5-30 Alter买手店试衣间的镜面设计

5.4.3 橱窗的视觉体验

买手店铺更加注重橱窗视觉效果。橱窗按空间标准可以分为封闭式与开放式两种。封闭式橱窗是指橱窗空间与店面主体空间是分开的，作为独立的空间进行商品陈列展示。封闭式橱窗的最大优点在于阻隔面可以作为陈列背景进行设计，风格营造的空间更大，顾客在观赏过程中受到外界的干扰也比较小。其次，封闭式橱窗的产品安全管理和清洁工作也较为容易。如美国著名的买手制百货公司——Bergdorf Goodman 店铺橱窗展示，以最直接、最简单的方式达到宣传目的，封闭的围墙也得到了充分的利用，同时还避免了管理上的麻烦（见图 5-31）。

开放式橱窗即橱窗与店面主体相连，其中没有实体阻隔。开放式橱窗的优点在于光线充足，消费者透过橱窗可以看到琳琅满目的商品，提高了陈列展示的丰富性与层次性。图 5-32 所示的橱窗，陈列着设计师当季最新作品，利用展示空间层高的优势，使橱窗与店面主体连为一体，不管从店内还是店外，都给人以空间宽敞的感觉，极具现代感，对服饰的风格、款式和颜色起到烘托作用。

图5-31 美国纽约Bergdorf Goodman 买手店的封闭式橱窗

图5-32 法国精品买手店Colette的开放式橱窗

5.4.4 别出心裁的陈列道具

买手店铺在产品陈列和橱窗展示时，往往使用别出心裁的道具，营造出某种别具一格的生活情调和情景氛围，达到意想不到的视觉效果。这些道具能使顾客产生与自己生活方式和审美趣味有关的联想，在潜移默化中，把自己同眼前的商品联系在一起，甚至在店铺内找到归属感。对于那些冲动型和随机型购买的顾客，较容易受到店铺气氛的启发和诱导，从而购买并不在计划之内的商品。

2002年在美国创建的时尚买手店铺Opening Ceremony一直是创造主题风格和生活情景的高手（见图5-33）。店铺在销售时装、配饰及杂物时将多元的时尚体验与舒缓的生活节奏紧密融合在一起，呈现雅致、朴实的姿态。买手店使用乒乓球桌作为展示台（如图5-34所示），显得朴实而随意，而这种简单自然的生活形态正是忙碌都市节奏下的人们所追求的，更容易产生共鸣。这也正是买手店所要追求的。

图5-33 美国时尚买手店铺
Opening Ceremony

图5-34　时尚买手店铺Opening Ceremony使用乒乓球桌作为展示台

国内买手店虽然还刚刚起步，但也有一些店铺在陈列道具的使用方面很有独到之处。产生于上海的买手店 Triple-Major 以中国传统中药为店铺主题概念，将每一件衣服看成一剂能富足心灵的精神良药。店铺陈列风格与衣服的包装都沿袭了传统中药店的模式与精神，具有鲜明的东方文化特征（如

图5-35 Triple-Major店铺陈列

图5-36 Triple-Major店铺的主题陈列

图 5-35 所示）。店铺门口悬挂“药”字的幌子，在店铺陈列设计中也加入药柜、药碾、药臼和针灸人体模型等，营造别具一格的视觉环境。整个店铺陈列设计紧紧围绕“药”这个主题，让顾客一目了然，比如在店铺陈列架上贴上各类药物名称的牛皮纸条（如图 5-36 所示）。由于主题明晰，也容易给顾客留下深刻的印象。

可见，买手精品店铺在选择陈列道具时较其他类型店铺要求更具创造力、变化性与不可复制性。各种物体均可作为陈列道具，除了常规的展台以外，我们常常可以见到各种家具、小电器甚至是交通工具被作为道具演绎品牌形象。此外，设计师或陈列师还会为卖场、橱窗设计制作独一无二的陈列道具，借此创造买手精品店铺独特的形象与环境。

大型买手制百货公司和中型买手零售店这两类店铺的陈列道具相对于其他的买手店的选用会更为统一，体现卖场整体风格与基调。道具的选择余地更大，道具的数量相对来说也会更多。不同品牌会适当地根据自己的品牌风格做出相应的道具设计（如图 5-37 所示），更换的频率较高。

买手品牌集合店的店铺陈列道具相对更注重美观性，除了单功能的道具外，独特的创意性道具较多，不同品类的卖场会根据自己不同的需求选择辅助道具，因此，买手品牌集合店陈列道具的选择更为丰富。小型独立买手店和买手店中店这两类店铺的陈列道具的选择上会更偏向于功能性，但主题性更为明确，道具的选择更个性化，体现出买手店店主的风格，因为考虑成本的因素，道具更换的频率相对较低，但增添的频率较高。这两种类型店铺的陈列道具在橱窗展示中的作用较大。

图5-37 买手制百货店MACY'S橱窗中的道具使用

5.5 店铺色彩搭配

根据“七秒钟”定律，消费者会在7秒内决定是否有购买商品的意愿。当人们浏览产品时，首先给人视觉以强烈刺激的就是色彩。人类大脑在处理和辨认物象时，有约65%的信息来自对色彩的感受。色彩的合理设置能起到先声夺人的作用，对消费者的心理产生强大的吸引和刺激。买手精品店的色彩搭配要注意以下两点：

1. 在色彩搭配上要把握“亮点”

在设计色彩陈列方式的时候要考虑到亮点，亮点就如兴趣之门，如果这扇门没有使顾客产生打开和探索更多信息的欲望，那么店面的整体看上去再出众，也无法留住顾客。服装在展示的时候要注重整体，同时也要有层次。如果从墙壁到货架每个部分都设计完美，反而让人看后缺乏深刻印象。有时只需抓住一个关键点的展示和设计，反而就赢得了顾客的青睐。

VAS展示厅陈列橱窗以彩色以及同类色搭配为主，清新淡雅的暖白色系和纵向线条的运用使产品线浑然一体但又错落有致，夸张头饰的使用，丰富了多元化却不杂乱，使人台成为视觉中心。倘若将背景换成花色，那就容易过于繁杂，无法找到“亮点”。

2. 在色彩搭配上要注重整体、统一

顾客进店后，首先看到的是店面的整体效果，因而店铺可以运用标准色来统一。根据品牌风格、季节的变化、流行色、主题等因素来选用色彩。与此同时，选择道具时也要与整体色彩吻合（如图 5-38 所示）。

如图 5-39 所示，国内买手店一尚门（The Fashion Door）在中岛陈列设计中使用的原木几何造型货架，色彩与店铺整体色调吻和，质感略带反差。倘若选择鲜红色的汽车模型，就会显得格格不入，喧宾夺主。

法国买手精品店 LES SUITES 店如其名，把时尚和酒店私人服务两种概念结合在一起。图 4-40、图 4-41 所展示的是 LES SUITES 与众不同的

图5-38 国内买手showroom VDS店铺的色彩搭配

图5-39 国内买手店The Fashion Door 中岛陈列展示

“套房”试衣间。通过图片，能够很明显地感受到不同的色彩搭配所呈现的风格截然不同。图 5-40 所示是以冷色调为主，采用的色彩明度较低，呈现给顾客一种商务、严谨、时尚的感觉。图 5-41 所示是以暖色调为主，采用的彩色明度较高、纯度较低，呈现给顾客一种温馨、优雅的感觉。但无论两个试衣间采用多少色彩进行搭配，都没有影响到整体的统一性。

图5-40 LES SUITES 高定“套房”试衣间（冷色调）

图5-41 LES SUITES 高定“套房”试衣间（暖色调）

在色彩陈列设计中，可以按照以下几种方式进行陈列：

（1）依照光谱的色彩排列

按照红、橙、黄、绿、青、蓝、紫的光谱顺序由左向右依次排列，把白色、黑色、褐色等明度较高的色彩排放在左侧。这样的排列特别适合款式基本相同而色彩丰富的服装。

（2）以色彩明度高低来排列

如果同色商品中存在明度高低之分，应把明度高的商品放在上面，明度低的放在下面，或者依次左右组合陈列。这样的色彩组合陈列符合人们的视觉习惯，容易被消费者接受。

（3）采用对比色彩来陈列

如果想要取得夸张、醒目的色彩组合陈列效果，对比色彩组合陈列无疑是最好的选择。它能够产生强烈的色彩跳跃感，可以远距离地吸引消费者的视线，是最容易出色彩效果的组合陈列方式。

此外，还可以以同色系或类似色陈列。如把粉红、大红、深红、玫红一起组合陈列，能够形成大块面积的统一色调，同时富有一定的秩序感和节奏感，形成商品品质优良、格调高雅的整体印象。值得注意的是，色彩的组合陈列不是单独存在的，需要与服装的款式、造型、面料等其他因素配合。这样，才能在瞬间表达出品牌的个性风格，强烈吸引消费者的眼球

5.6 陈列模特的使用

模特在卖场中被称为“产品出样”。“产品出样”的设计很关键，不同类型的店铺会有不同的展示方式。买手精品店铺的模特陈列展示具有时尚性和趣味性，模特的形态、式样、材料、摆放的层次也更为丰富，更具创造性。买手精品店铺使用模特的最大特色在于其打破了传统的站立、坐姿等造型，根据品牌特点和主题定做符合品牌特征的模特形象。它们的作用不仅仅是最初的陈列展示的道具，更多的是为整个店铺设计带来呼应，起到画龙点睛的作用。

大型买手制百货公司和中型买手零售店这两类店铺多按品牌来分类，因此，它们的店铺陈列的模特风格较为统一，但也都独具特色。不同的品牌需要通过模特的展现，体现出不同的品牌文化与设计特点，甚至是设计师的风格烙印。如图 5-42 所示，逼真的仿真模特就是以买手模式运营的日本时尚品牌 COMME SA 的关键元素。美国百货零售巨头布鲁明戴尔（Bloomingdale's）店铺在选择模特出样方面一直很有特点。首先是它们经常更换模特的造型，再有就是这间店铺总是以模特组合的形式出样，如图 5-43、图 5-44 所示。群组的模特展示更容易吸引消费者的眼球，整合多种流行时尚信息，增强了店铺的时尚权威性。这样的展示方法后来得到了很

图5-42 日本时尚品牌COMME SA逼真的童装模特

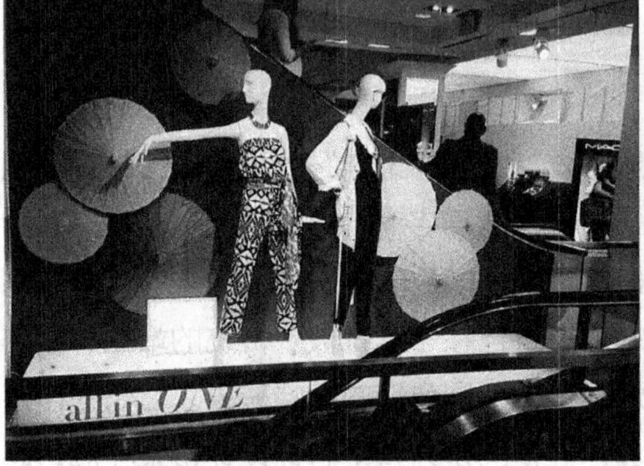

图5-43 买手百货店铺Bloomingdale's 的群组模特出样

图5-44 买手百货店铺Bloomingdale's 模特展示效果

多品牌的效仿。

此外，买手店还会定期举办展览、周年庆、新品发布会等活动，人体模型会根据不同的展览进行特殊的设计、调整与更新。买手品牌集合店的店铺陈列风格则更具创意，有的集合店是单品类陈列，有的集合店是多品类的跨领域陈列，集设计、艺术、美食、音乐于一体。

如图 5-45 所示，这家男装买手店在感恩节时候给男装模特带上熊头造型，配上红色领结和手中的梳子道具，充满了节日感和幽默感。简单的道具使得店铺氛围变得时尚而轻松，增加了店铺的可识别性。另一家男装买手店，由于买手赋予的风格定位不同，采用的道具也有很大差别。如图 5-46 所示，店内展示的复古手工地毯、动物头骨、民族乐器都使得原本简单乏味的格子衬衣充满了故事感，提升了产品的附加值，拥有了引人注意的卖点。

图5-45 男装店感恩节陈列

图5-46 男装店道具使用

5.7 灯光照明

灯光照明设计是店铺陈列中不可缺少的一部分。照明效果的好坏决定了商品的档次，照片风格的选择也决定了店铺的时尚品位。巧妙地使用照明设计，可以增加商品的展示效果，提高商品的价值；还能帮助营造卖场的氛围，为顾客创造出各种风格的购物空间，强化顾客的购买意愿。

灯光照明设计能使视觉营销的效果达到最佳状态，起到画龙点睛的作用。照明设计决定于目标市场，要根据自己的品牌文化、消费者定位进行设计。不同类型的店铺有着不同的灯光照明设计，要符合店铺消费群的消费层次与购买心理。照明设计必须为服装商品服务，主要目的是增强商品的色彩与质感。经过精心设计的投射光束，使商品与背景分离，从而产生空间感。店铺的灯光照明还应考虑商品的价格，服装价格的高低是照明设计的一个基准。

买手精品店铺通常将一般照明、局部重点照明和装饰照明等合理地组合应用。大型买手制百货公司、中型买手零售店这两类店铺的灯光照明更为全面与丰富，整体性较强，较为统一，店内多采用全面的一般照明。买手品牌集合店的店铺、小型独立买手店和买手店中店这几种类型店铺的灯光照明侧重于局部重点照明与装饰照明。局部重点照明的照度通过适当的比例，使店内形成一种风格，多采用定向投光灯具以加强商品的质感和立体感，通过强弱光差对比和构造光影组合，在局部形成特殊情节，以制造“趣味中心”，突出“明框效应”，而装饰照明则能表现出空间层次感。

以美国纽约为基地的买手店铺 Opening Ceremony 是汇集了全球原创潮流品牌与美国新锐设计师创意作品的多品牌集合店。空间以简约、开放和包容为设计理念，把多维时尚风格进行有效组合，结合几何、立体、直线等元素，以突出每个独立品牌各自的个性和格调。如图 5-47 所示，店铺内的一般照明灯光以暖光为主，多局部灯光。在不同品类的区域安装定向投光灯具，以加强商品的质感和立体感。服装陈列区域冷暖光交织，墙面背部打光调剪影，主打款采用背部打暖光，陈列杆采用背部打冷光。在深色的墙面上，运用光的对比度使得主打款更为突出，给区域增加神秘的基调，使得整个卖场的照明更有层次感与空间感。店铺中的创意道具陈列区采用侧部穿透光，增添了怪诞与趣味性，给人留下强烈的印象。

图5-47 Opening Ceremony买手店的灯光陈列

位于香港尖沙咀购物艺术中心的D-mop买手店，店铺设计概念以“Military Theater”为独特主题，店面以剧院为设计灵感，黑白菲林状的店楣LOGO外有一圈灯饰；通过灯光的效果突显出LOGO的耀眼，搭配上红色的幕布显现出庄重而低调的华丽感（如图5-48所示）。这间店还以“店中开店”的格局将购物空间细分为不同的潮流区域，店中聚集的十几个品牌也随之被划分到不同区域，但整体色调以黑色为主，一般照明、重点照明和装饰照明均都采用暖射灯的形式，与店铺色调形成对比，光影效果强烈，营造出极具动感与舞台效果的店铺。（如图5-49、图5-50所示）。

图5-48 香港D-mop 买手店门头的灯光效果

图5-49 香港D-mop买手店充满舞台感的灯光设计

图5-50 香港D-mop 买手店门头的灯光效果

买手精品店提供给顾客的不仅仅是产品本身，更是一种价值观念和生活方式，它激起人们的共鸣，不断激发人们内心深处的追求与欲望，刺激人们的购买欲。在市场竞争愈演愈烈的今天，企业务必要制定正确的视觉营销策略。本章通过对买手精品店及人员职能的介绍，对店铺陈列标准、陈列要求及具体案例分析，以期使读者对买手精品店的陈列有一个较为系统的了解。

进行视觉营销企划时，运用不同的视觉语言传递品牌个性与文化，将品牌和产品塑造成一种生活方式的象征。要做到全方位、多角度地运用各种元素，考虑流行、季节、消费心理等因素，力求做好每一个细节。这样才能提高产品的视觉表现力，提升顾客进店率和购买率，实现零售店铺利益最大化。

第6章

一站式时尚：生活方式店铺陈列

Fashion brand

Fashion brand

服装在人们的生活中起着非常重要的作用，它不仅被看作一个人（或一个群体）的气质、文化修养和审美品位的表现，并且在消费中演变为一种展示不同内涵的文化现象。服装是一种文化，是对某一特定生活方式的表述。

从服装社会心理研究的成果可以知道，人们的生活方式与服装的相关程度正在日益提高。不同的生活层次，不同的生活追求，展现了不同的生活方式，它对应的是消费者不同的生活需求。可以说，生活方式如今已经成为影响服装消费的一个重要因素。人生活在社会中，总是自觉或者不自觉地选择一定的生活方式。随着时代的发展，中国人的生活形态越来越丰富，这为“生活方式店铺”在国内的出现铺垫了良好的基础。那么到底什么是“生活方式店铺”？

6.1 生活方式店铺

生活方式店是英文 lifestyle store 的直译，它锁定某种生活形态，产品全部围绕这种形态组合。所谓 lifestyle 是一种生活概念，是代表品牌精神和品牌设计师所拥有的独特个性和品位，是一种向往和期待。生活方式店一般不止贩售服饰产品，还会推出文具、小件电子产品、食品等生活杂物，

图6-1 DECOSTER时尚品牌生活方式店铺

完成被锁定为消费群的全套式生活方式产品的供应，甚至有些生活方式店还推出了酒店和咖啡店，可谓 total lifestyle。生活方式店在商品陈列、音乐、环境设施，甚至是味道上将品牌要传达的信息不知不觉、无声无息地带入到你的潜意识中。生活方式店铺的核心价值并非在于单纯的体量与规模，更在于通过细节的设计提供非凡的品牌“体验”，传达品牌张扬的生活态度，见图 6–1、图 6–2。

图6–2 DECOSTER时尚品牌生活方式店铺局部

按照品牌的发展层次来看，一个品牌的诞生与壮大可能会从旗舰店开始，它可能会更多地关注旗舰店的面积、规模与体量，讲究的是一个单纯的“势”。进而，它可能会往“品牌形象店”发展，注重的是外在形象的展示。当品牌具备了相对可识别的风格与态度的时候，它就会往生活方式店的层面发展，它注重的是营造“品位”氛围，既不是单纯地指销售，也不是单纯的形象展示，而更趋向于传达享受生活的态度。当然，比较高明的品牌生活方式店会运用各种与品牌相契合的元素。比如在有些国外的品牌生活方式店中，摆放的不仅仅是一杯咖啡，甚至可能有 MASSAGE、香薰等元素的融入，特别讲究品位的空间凝聚。

6.1.1 门头设计

生活方式店铺就像多业态集合的场所，包含了服装、餐饮、音乐等多方面，所以它的店铺空间面积比较大，并且，很多生活方式店铺都是多层设计。这使得它的门头设计比普通的店铺要大气一些。现在，许多生活方式店铺都喜欢和建筑设计师合作。因此，在店铺的整体设计上都带有强烈的建筑设计风格。图 6-3 所示为某品牌店铺设计的草图，通过作者拟稿，我们可以看出对同一个门头的不同设计方案。第二张图（见图 6-4）充分利用原有门头挑高较高的特点，将店铺外部效果设计为两层的复式。最终该品牌选择了假两层的门头设计，使得店铺的外观更显大气，同时更加符合生活方式店铺的特点。

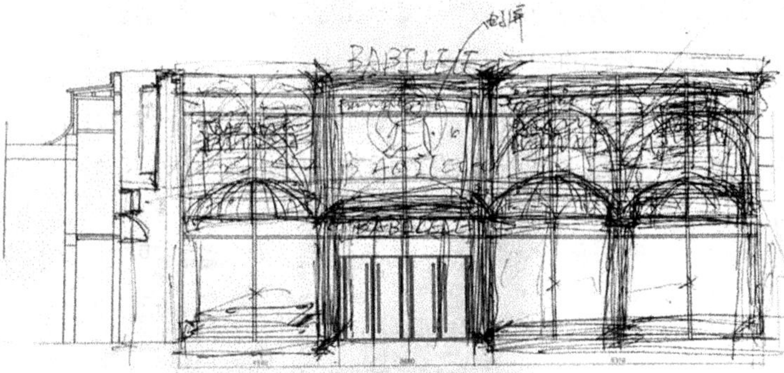

图6-3 店铺门头设计手绘稿（1）

图6-3 店铺门头设计手绘稿（2）

6.1.2 空间的构成和划分

21世纪以来，人本主义思想大行其道，人性化设计已经成为一种时尚。人性化的空间设计主要是把人的心理感受、知觉经验、情感情趣等融入卖场中，从消费者的生活环境与情境出发，强调卖场环境与消费者的无缝连接，塑造感官体验与思维认同，有效地触动他们的内在情感，引发消费者的共鸣。生活方式店铺更好地将设计与营销目标相结合，实现艺术价值和商业价值的共生互融，以此引起消费者的关注。这样的店铺更强调消费者，强调个人化，强调自我表现，能够通过有效地利用品牌商标、形象、标准色彩、拓展系统等视觉元素，达到情感联系，促进消费行为。可见，一切相关的因素都会影响到整体效果。

如lifestyle store的经营品类由服饰延伸到生活中的所有细节：Armani大厦以“视觉”与“触觉”为主的生活杂货用品，打破了以前按照商品品类来划分商场的方法。另外，以诠释健康和环保为主题的自然主义卖场设计、以标榜科技和数字化主题的未来主义卖场设计等，都是针对现代生活方式细分化后的卖场空间设计趋势。

对生活方式店铺而言，空间划分起着决定性的作用，总体来讲可以分为两大类：一类是呈现真实的生活方式环境（根据不同的功能划分区域），比

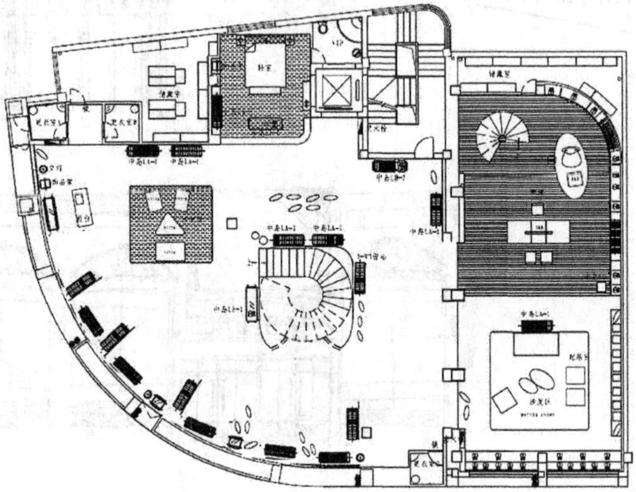

图6-5 生活方式店铺空间划分设计图

如 10 Corso Como 有真实的咖啡吧、餐厅、书吧等区域；另一类是模拟上述生活场景，主要还是突出时尚产品，起到营造氛围的作用。

根据不同的功能划分的区域：大致划分为橱窗、A 区、B 区、C 区、D 区，根据店铺的设计理念和不同需求，设置各个场所，见图 6–5、图 6–6。

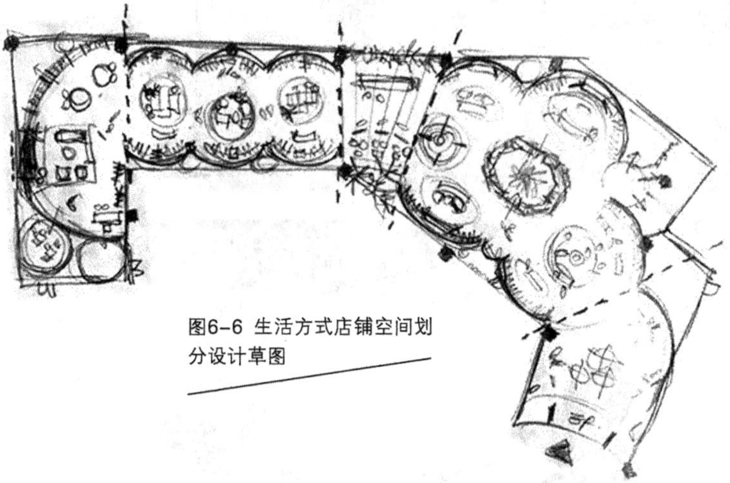

图6–6 生活方式店铺空间划分设计草图

6.1.3 生活方式店铺案例——杭州万象城雅莹之家

1. 真实的生活方式环境

杭州万象城 EP 雅莹之家首次尝试在门店入口处开辟近 80 平方米的艺术装置区（见图 6–7），这个设计灵感来源于江南园林。1000 多平方米的大平层，从绿篱迷宫（见图 6–8）到花房（见图 6–12）。从店中店的形式感，到儿童城堡、林荫大道、阖家围炉（见图 6–11）、童乐坊（见图 6–10）……移步异景，每一个区域都有它所属的功能，每一个设计点都能给人带来格外的惊喜。此外，EP 雅莹还率先在店内开设书吧（见图 6–14）、香氛体验区（见图 6–15）、儿童活动区等休闲场所，时尚、生活融为一家，满足了人们多样性的购物需求，打造最全面、最尊贵的购物体验。

图6-7　杭州EP雅莹万象城店

图6-8　杭州EP雅莹万象城店绿篱迷宫

2. 艺术装置区

前廊被装点得别具时尚气息，营造出时空恋女人的梦幻美景，与产品陈列的结合处处体现精致优雅。店铺内依然运用了大大小小的圆形的元素，见图 6-9。如图 6-11 所示，围炉代表温暖，配合着沙发、茶几和鲜花，让店铺充满温馨的感觉，恰好体现了雅莹品牌推崇的生活方式。

图6-9 杭州EP雅莹万象城店艺术装置区

图6-10 杭州EP雅莹万象城店童乐坊

图6-11 杭州EP雅莹万象城店阖家围炉

图6-12 杭州EP雅莹万象城店花房

图6-13 杭州EP雅莹万象城店创意家饰专区

图6-15 杭州EP雅莹万象城店香氛体验区

图6-14 杭州EP雅莹万象城店的休闲书吧

雅莹生活馆将生活中的元素延续到生活馆中，模拟生活中的某一场景或某一事物。如图 6–16 所示，将书本作为陈列的道具，把生活和时尚结合在一起，在体现创新理念的同时，又突出了店铺优雅内敛的风格。

图6–16 雅莹生活馆细节展示

店铺中央的大型圆形展柜就如同家中的立体式衣柜，旁边放置的沙发和鲜花盆栽无不透露出主人公惬意、优雅的生活方式，见图 6–17。

图6–17 雅莹店铺圆形展柜

6.1.4 特殊的选址

一般而言，店铺会选择在商场等客流量多的地方开设。但生活方式店铺为了迎合它的 lifestyle，使其更贴近顾客的生活，有些店铺会选择公寓、别墅等地方。有的店铺甚至开设得特别隐秘，如小巷深处，但是即便如此，还是有很多人慕名而来。

当然也有另外一种方式，店铺的选址并无特别，但是通过陈列装潢营造一种特殊感，让人觉得这并不是喧闹的购物街道，好像走进了某个豪华的寓所一般。

C.WONDER 是一家全新的生活方式概念店。店铺的大门采用鲜果绿的颜色以及金色的金属拉门，配以旁边灰色调的墙壁，如同一个趣味十足的居家之所（见图 6–18）。

图6–18 C.WONDER生活方式概念店

6.2 店铺的多功能体验

时代在转变，越来越多的传统行业正在受到互联网的冲击。要想办法留住年轻的客人，对于实体店来说无疑是一项巨大的考验。由于生活方式店铺除了出售服饰之外，还涉及其他方面的产品，有时候还要完成对固定消费群的全套式生活方式产品的供应，所以有些生活方式店还会提供酒吧和咖啡店、餐厅等，这就要求生活方式店铺提供的产品类别要广，区域划分具有多功能性。

来自美国的青少年服饰连锁品牌 Urban Outfitters 就在其店铺中来了场颠覆性的视觉体验设计。卖衣服已不再是唯一的焦点，这里已经变身为彻头彻尾的“生活方式中心”（lifestyle center），顾客在里面有无穷无尽的事可以做，待上几个小时都不成问题。Urban Outfitters 的 CEO Tedford Marlow 称这里是“有文化氛围的商业和社区项目”，它讲述的是一个生动的品牌故事。除了服装陈列，这里还有咖啡屋、美发廊、黑胶唱片，堪比丝芙兰的化妆品店中店，以及各种各样稀奇的玩意儿，例如可以自动读取你眼镜度数的“Lensometer”，这一切全都紧紧贴合青少年的口味。

在空间布局上，从楼梯通道的形式来看，店铺总共分为三层，地下一层、一楼、二楼，步入底层，马上就能看到显眼的棉被通过色彩的交错搭配被整齐地陈列在货柜上（见图 6-19 至图 6-30）。

图6-19 纽约时尚品牌 Urban Outfitters旗舰店的多功能陈列

图6-20 家居部门销售地毯、枕头、棉被等

图6-21 植物盆栽作为道具装饰店铺

图6-22 店铺的原生态设计风格，石泥墙搭配外漏的钢管以及塑料盒陈列道具

图6-23 放置杯具的地方设计得如同厨房的一角

图6-24 如同家庭式衣柜的鞋子储藏室

图6-25 由来自芝加哥的合作商Intelligentsia Coffee 提供的咖啡屋，占地80余平方米

图6-26 摄影作品区，设有Instagram 照片打印站

图6-27 为疲倦客人准备的舒适座位

图6-28 音乐区销售耳机、音箱、唱机等，配备1000余种黑胶唱片

图6-29 来自洛杉矶的Hairroin Salon 为顾客提供全套美发服务

图6-30 美妆品店

6.3 “场景重现”氛围营造

6.3.1 拉尔夫 · 劳伦的生活方式

生活方式店铺出售各色商品，更甚者有些店铺已经成为一个多业态集合的场所，包括餐饮、娱乐、书店等设施，所以在某种程度上来说它是通过建筑、艺术、时尚、绘画等装饰营造出的一个别致的休闲消费场所。它总是通过模拟我们的生活场景或者将生活方式中的元素运用到店铺中去，重现人们的生活环境，体现人们的生活方式。

拉尔夫 · 劳伦（Ralph Lauren）——上流社会世家生活方式的代表品

牌，它带给时尚界最大的财富就是在服饰界率先倡导了一种推销生活方式的营销方法。他本人也说："我们创造了一个世界，并邀请人们加入我们的梦想。我们是生活方式的革新者，通过讲述故事和创造商店氛围的方式激发消费者加入我们的这种生活方式。"早在 1963 年，威廉 · 莱泽提出了被业界称为"生活方式"的营销理论，但此理论在商业界最成功的应用是拉尔夫 · 劳伦。他创造性地把产品当作一种生活方式的概念来推销，并取得了巨大成功。

20 世纪 70 年代，拉尔夫 · 劳伦说服美国布鲁明戴尔(BIoomingclale's)百货商场把领带、西装、衬衫和雨衣搭配陈列在他特别布置的专柜销售。当时他用红木和土黄色装饰品把专柜布置得像一家绅士俱乐部。一旦走进代表 Polo（拉尔夫 · 劳伦的二线品牌）的生活方式店铺，消费者不单是购买衬衫，还会到处走走逛逛，并成套搭配地购买。

后来，拉尔夫 · 劳伦又把拐杖、古董、鳄鱼皮行李箱和其他漂亮的道具带进专柜，整个场景看起来就像上流社会富人家的生活环境，因此品牌也慢慢地变成地位、财富和特权的象征。200 美元一件的费尔岛图案毛针织品，或是 7000 美元的红木橱柜，Polo 看起来是属于贵族成员、社会名流和特权阶层富丽堂皇的产品。而现在所有拉尔夫 · 劳伦的店铺和商品陈列，都经过严谨的设计，人们如同走进美国英格兰地区上流社会的家庭、书房或客厅，见图 6-31 至图 6-34。

图6-31 舒适柔软的沙发、木质衣柜、古董花瓶、茶几上的鲜花、天花板上奢华剔透的吊灯，让人们如同走进一个上流社会家庭

图6-33 桌上的书本、花瓶里的马球杆透露上流社会人士的生活习惯和兴趣爱好

图6-32 试衣间里的皮质座椅、地上的木质箱、墙壁上悬挂的画像，以及墙壁上的全身镜，在温暖的灯光下营造一种居家氛围。

图6-34 沙发上的靠枕，远处摆放的植物，每一个细节都透露着生活气息

这种购物环境刺激到了形形色色羡慕和崇拜这种生活方式的消费者，也带给本来属于贵族成员、社会名流和特权阶层的顾客一种归宿感和优越感，同时也吸引着其他国家羡慕和向往美国上流社会生活的消费者。

6.3.2 A&F 的场景重现

全球最权威的服装产业经济刊物 WWD（*World Wear Daily*）曾报道了 Abercrombie & Fitch 在纽约第五大道的旗舰店：墙壁上的古典壁画，衣柜式的陈列如置身在家中，亮黄的灯光集中投射于服装上，配合着深色调的空间，营造了一种神秘感（见图 6-35）。

10 WWD, TUESDAY, NOVEMBER 8, 2005

WWD, TUESDAY, NOVEMBER 8, 2005 11

Abercrombie Raises the Flag on Fifth Avenue

图6-35 WWD关于Abercrombie & Fitch在纽约第五大道的旗舰店的报道

6.3.3 TOMMY 的美式生活方式

美国休闲品牌 TOMMY HILFIGER 是美式生活享乐的代表。店铺里展示了 TOMMY HILFIGER 男女装休闲服饰、鞋子及配饰等系列，将古色古香的元素与现代又复古的细节完美结合，充满了 19 世纪的风貌。

吊灯如同一朵绽放的烟花，金黄的颜色为空间增添了些许华丽的色彩，服装被整齐地叠放在陈列台上。井然有序的陈列让店铺显得十分整洁（见图 6–36）。

图6–36 TOMMY HILFIGER 店铺（1）

店铺里牛仔裤、衬衫、大大小小的老式木质音响、破旧的麂皮沙发、地板上的方形拼图，就像一个音乐 CLUB（见图 6–37）。

图6–37 TOMMY HILFIGER 店铺（2）

根据场合的需要，搭配不同的服装。在这个西装革履的地方，有一种旧式的奢华感。没有裸露的钢管，你只能看到光滑的白色天花板和古式的豪华墙壁，以及地上精致的西式纹样印花（见图 6–38）。

图6-38 TOMMY HILFIGER店铺（3）

6.4 灯光营造空间感

生活方式店铺的照明设计一般分为两大类。一般情况下，生活方式店出售的商品门类比较多，如卖场形式的店铺，空间大，就会选择比较明亮、柔和一些灯光，方便消费者选购。当然，也会有一些个性的生活方式概念店，它们会根据店铺需要的风格主题选择相应的灯光设计，以吸引顾客的眼球。但无论属于哪一类，都应和店铺的整体设计和氛围相融合。

店铺利用天花板的灯光以及各种小台灯，直射于服装上，在凸显服装款式的同时，营造了一种静谧的气氛，见图 6-39 至图 6-41。

图6-39 A&F品牌高端产品线RUEHL（1）

图6-40 A&F品牌高端产品线RUEHL（2）

图6-41 A&F品牌高端产品线RUEHL（3）

6.5 陈列细节体现生活理念

6.5.1 巧用生活中的道具

生活方式店铺在道具的使用上，除了表达设计师的思想和突出店铺陈列的个性之外，更应贴近我们的生活，以便引起消费者的共鸣。比如店铺内放置的球杆、餐桌上的鲜花等，都是将我们的现实生活延续到了店铺中。如前文所讲，拉尔夫 · 劳伦(Ralph Lauren) 在生活方式店铺打造上出类拔萃。其童装也不例外，通过服装、背景、道具陈列向我们传达了一个精彩的儿童世界。整个橱窗就像一个小型的趣味农场，背景板上的玉米图案，白色铁笼上的胡萝卜盆栽，地上铺满的米黄色稻草，还有醒目的公鸡，搭配着台阶上的驼色高筒靴和牛仔服装，使人仿佛看到了孩子们在农场里欢乐的场景，如图 6-42 至图 6-44 所示。

图6-42 Ralph Lauren童装陈列

图6-43 Ralph Lauren童装陈列的特色道具

图6-44 Ralph Lauren童装陈列的道具背景

6.5.2 细节体现品位

说起“品位”，人们觉得这是个很虚的词语，没有标准与定律。服装店铺的品位是与其品牌定位相符合的各种元素的默契统一，是时尚艺术与商业目标的完美结合。它不是各种奢侈元素的集合，更不是冰冷的道具与产品的盲目堆砌。

案例 1 法国 Merci 买手集合店

在这家店中，售卖的不仅仅是商品，更体现着设计师所推崇的一种生活哲学——爱与感恩，就像这个店的名称（法文 Merci 的意思是“谢谢”）。设计师把这个前身是纺织厂的老旧建筑空间改造成工作室的风格，从服装、二手衣、设计师饰品、家饰到花店都有，还卖一些二手书。不同于一般拒人于千里之外的概念店，这里欢迎所有人来，挑选的商品既独特又考量到可用性（见图 6-45）。

图6-45 Merci店铺局部

偌大的厂房如同一个小百货商店，各式各样的产品都被归整到相应的单元格内，虽然种类很多，但并不杂乱，按 MARIE FRANCE 的意愿，每个区间都必须是完美的，如图 6-46 所示，饰品艺术性地陈列在实验玻璃罩中。

图6-46 Merci店铺饰品陈列

不同于普通的百货商店，Merci 店铺体现的是全方位的生活品位和人文精神：简约、健康、雅致。就像店里的老家具，散发着一种安逸的气息。

虽说是概念店，Merci 所贩卖的商品定价都比较合理，也没有追求形式上的奢华，销售的很多都是所谓的“绿色商品”。在视觉陈列方面，更多地选择一些自然的方式去陈列商品，比如铁质的简易衣架，如图 6–47 所示；木质的长凳上规律地摆放着衣服、围巾和包包，木箱里随意地放置着一些服装（见图 6–48），让进来的人们无时无刻都感觉到生活的气息。

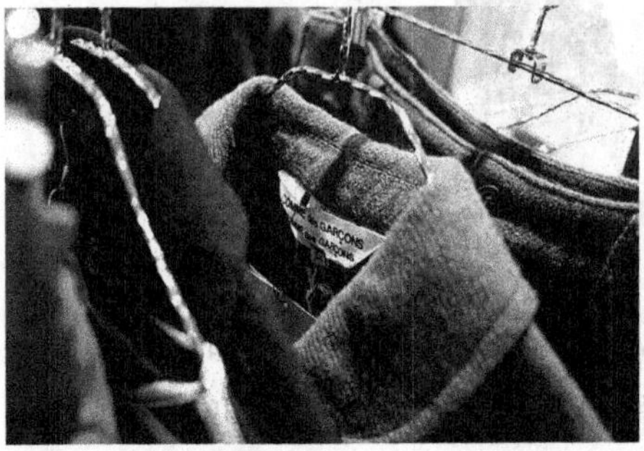

图6-47 Merci店铺陈列局部

图6-48 Merci店铺展示的随意陈列风格

还有一个特别之处便是在店里看不到任何标语，购物收据上也没有特别说明。Merci 与所有概念店的最大不同是：这是一家百分之百的慈善店

（见图 6–49）。更加值得提到的是，Merci 店铺除去员工支出与进货所需的基本费用外，所有的盈利全部用作慈善，这也恰恰吻合了“Merci”的感恩理念。

图6–49 Merci店铺注重陈列的细节

案例 2 美国 Ralph Lauren 生活方式店

提起 Ralph Lauren，总是让人想到贵族的休闲生活。它的奢华从服装款式到店铺陈列，总有一些代表性的标志，只要人们看到，便会想起这就是 Ralph Lauren。

店铺喜好复古装饰，如华丽的水晶吊灯、棕色的皮质沙发、一些旧箱子、老式的闹钟、黄金镶边的艺术画像以及壁炉等（见图 6–50）。

图6–50 纽约Ralph Lauren Mens Shop

当然，现代感的元素也必不可少。在其女装店中，黑色的裙子挂在纯白的衣柜外，白色的鲜花、柔软的沙发，还有远处精致的玻璃书桌，四周环绕着立体镜，明亮的灯光照耀着整个环境，如置身于高雅女人的奢华试衣间（见图 6-51）。

图6-51 Ralph Lauren生活方式店铺中的豪华试衣间

6.5.3　产品门类生活化——无印良品

“无印良品”（MUJI）创始于日本，本意是“没有商标与优质”。已从最初的 40 种商品发展到今日的近 8000 种。虽然它极力淡化品牌的意识，但遵循统一设计理念所产生出来的商品无不打上了“无印良品”的品牌烙印。它所倡导的简约、质朴、回归大自然的生活方式也大受消费者的推崇。它是日本设计中“禅的美学”的代表，也是对极简主义美学设计风格的最好诠释。

对物与环境之间关系的重视是日本文化的一个特色，无印良品店铺在色彩的选择上充分考虑了人与环境之间的和谐关系。在如此嘈杂纷乱的商业环境中，无印良品素雅的形象反而吸引了众多消费者的购买欲望，使其在五颜六色的众多产品中脱颖而出。在日本，其传统审美观念的重要特征之一是崇尚单色和自然色，而这两种色系在无印良品的视觉形象中被大量使用，它的色彩纯净含蓄，让人心情平和。在其色彩体系中，白色、米色、褐色、黑色等自然色被大量的使用，除了 logo 上深红色的“MUJI”，几乎看不到纯度高的色彩。

无印良品的设计贴近自然，朴实无华。每一种色彩给人的心理感受是不同的：白色，具有纯净、明快、纯真的感受；灰色，具有高雅、温和、平凡和中庸的感受；米色，具有原始、自然和健康的感受；黑色，具有神秘、寂静、深沉的感受（见图 6–52、图 6–53）。

图6–52 无印良品店铺中有很多日用产品门类

图6–53 无印良品店铺的产品展示朴实简约

6.5.4 综合案例——雅莹生活馆

雅莹生活馆（EP·MANSON）是该品牌公司在零售渠道中最具发展空间的形式，是公司对“时尚生活馆”（lifestyle store）在品牌历史文化上的升级。它对企业文化、渠道、品牌形象、产品、营销等全方位提出了至高的要求。雅莹生活馆不仅为顾客提供最舒适的购物环境，更重要的是它的空间规划及陈列为顾客讲述企业历史和品牌故事，提供独有的高级定制等附加服务，让顾客完全徜徉在艺术与商业完美融合的殿堂中。雅莹品牌倡导活力、雅致的时装设计风格，优雅地展现成熟女性的智慧力量，引导她们追求优质的生活方式（见图 6–54）。

图6-54 杭州EP雅莹生活馆外立面

1. 门头设计

临街独栋别墅，欧洲宫廷式建筑璀璨登场。这是EP雅莹与丹麦店铺设计师DAVID THULSTRUP联手打造的EP雅莹首家EP CENTER概念店。简洁优雅的设计理念、大气雍容的错层结构，彰显了这一中国品牌的欧洲韵味。独特的错层结构，由中间天井向上看去，洁白的云顶构造，线条饱满且富于变化，似云朵一般，一层层一片片，吸引着顾客走上去一探究竟（见图6-55）。

2. 内部设计

步入EP雅莹杭州生活馆，首先映入眼帘的是高挑的楼层、高耸的立柱，另外，原木元素的大量运用、简约大气的线型结构，为每一位走进EP雅莹的人营造单纯而明快的购物环境（见图6-56）。

图6-55 雅莹生活馆内空间设计宽敞大气

图6-56 雅莹生活馆内部空间设计

3. 设计元素的运用

置身于 EP 雅莹文二西路生活馆之中，感受最深的是无处不在的细节设计，简洁而精致。作为 EP 雅莹的 Monogram 图形——圆形，被广泛地使用于每一个可能的角落，墙角、桌角，道具甚至是试衣间的挂钩（见图 6–57、图 6–58）。

4. 服装陈列

雅莹生活馆的服装陈列主要通过三种形式表现。

（1）模特展示，可以让顾客了解穿着后的效果（见图 6–59）。

（2）利用墙面进行点挂陈列（见图 6–60）。

（3）挂杆陈列疏密得当。货杆上的服装 SKU 并不多，这也符合高端品牌的定位。挂杆陈列采用正挂、侧挂结合；有背景，也有重点。正挂款式成套出样，侧挂款式重复陈列 2 件左右。这样的陈列法既符合店铺营销风格，又简单易行，同时也减少了店铺的铺货数量，充分利用卖场的空间（见图 6–61）。

图6–57 雅莹生活馆细节设计

图6–58 雅莹生活馆内的天花造型设计

图6-59 雅莹生活馆服装陈列

图6-60 雅莹生活馆休息区陈列

图6-61 雅莹生活馆挂杆陈列

5. 配饰陈列

雅莹生活馆的配饰陈列主要通过三种形式表现。

（1）分别陈列在展柜的上层和下层（见图 6-62）；

（2）包、鞋、丝巾搭配组合（见图 6-63）；

（3）配饰陈列在内嵌的展墙上（见图 6-64）。

图6-62 雅莹生活馆配饰陈列（1）

图6-63 雅莹生活馆配饰陈列（2）

图6-64 雅莹生活馆内配饰陈列在内嵌的展墙上

6. 模特运用

恰当的模特展示可以体现品牌店铺的风格，店铺内的模特在陈列方式上变化多样，服装和模特道具的结合组成各种生活场景，如图 6-65、图 6-66 所示。

7. 照明设计和氛围营造

店铺选择了比较明亮柔和的暖光，和雅莹生活馆优雅，温暖的风格融为一体。

8. 店铺标准

根据不同的需求，雅莹的店铺模式也不同的标准。作为生活方式店铺，需要达到的标准和其他类型的店铺也是有差异的，如表 6-1 所示。

表 6-1 雅莹品牌零售店铺定位与规模要求

Channel Mode 渠道模式	Shop Area 店铺面积：MALL/ 专卖 / 百货	Mission 使命	Functions 服务要素	Product Lines 商品类别	Expected Turnover 销量（万元 / 年）
Manson 雅莹之家	1000 平方米及以上	选到企业文化、愿景、使命，突出品牌故事和讲述行业发展历史的载体，讲述品牌故事的战略形象推广窗口。是企业经营理念和品牌经营地为的象征。面积 1000 至 1500 平方米，坐落在北京、上海、广州等一线城市，且已具有城市扩张影响力和最核心的商业中心地段。装修均充分体现奢华品质，彰显生活化、功能性等多方面因素。其充分体现了企业经营的最高水平	对外：传承历史 传递文化 商业功能 对内：人才基地	全系列商品	4000 ~ 5000
Lifestyle Store 时尚生活馆	400 平方米及以上 /300 平方米及以上	宣导企业文化、愿景、使命，突出品牌历史的载体，讲述品牌故事的战略形象推广窗口。是企业经营理念和品牌经营地为的象征。EP 雅莹旗舰店，落户于一、二线城市中心繁华地段，是产品展示基地，也是终端人才的培养和输运基地	对外：传递文化 商业功能 对内：人才基地	全系列商品	2000 ~ 4000
Standard Store 标准店	300 ~ 400 平方米 / 150 ~ 300 平方米	分布在一、二、三、四线城市的繁华核心商业地段的街边专卖店铺。	商业功能	按店铺定位配比	800 ~ 2000

续表

Channel Mode 渠道模式	Shop Area 店铺面积：MALL/ 专卖 / 百货	Mission 使命	Functions 服务要素	Product Lines 商品类别	Expected Turnover 销量（万元 / 年）
Shop in shop 店中店	300 平方米以下 /150 平方米以下	MALL 百货中具有独立分隔区域的边柜门店。包含各个级别城市的中高端百货和 MALL 及机场店铺。	商业功能	按店铺定位配比	600 ~ 1000

EP 雅莹生活馆设计师访谈

丹麦设计师 David Thulstrup 访谈

David Thulstrup，丹麦著名店铺设计师，曾工作于世界顶级建筑设计工作室——Atelier Jean Nouvel，2006 年加入纽约 Peter Marino Architect 设计工作室（此工作室专注于奢侈时装品牌店铺设计，目前客户包括 Armani、Louis Vuitton、Chanel、Dior、Zegna、Fendi、Loewe 等国际一线品牌），负责了包括 Valentino、Chanel 等品牌的最新店铺概念设计。2011 年 David Thulstrup 受邀为中国高端女装品牌 EP 雅莹设计店铺。

在设计上，他秉持“less is more”的理念，认为“真正美的店铺，是让顾客能够在店中体验到像家一般的温暖，这样才可以让顾客逗留更久并主动地去购买产品。”此次 David Thulstrup 为 EP 雅莹着力打造的，是这一中国品牌带给顾客的震撼与惊喜，是一个于细节中感受文化与品牌故事的概念新空间。

店铺在设计上别出心裁，运用 New Pattern、Ceiling、Fixture 和 LED 等多种元素，给人耳目一新的感觉；在空间设计上最大限度地保证了店铺的可用空间，视觉上还有很好的立体纵深感；在外形上，店铺也考虑与周边建筑的融合——欧式建筑风格，令这间店铺成为所在区域的坐标性建筑。

访谈实录

Q: 我们可以看到 EP 雅莹杭州文二西路店采用了大量跟以往店铺完全不同的圆环元素，你为什么会采用这么多的圆形元素？

A: 这个新的设计图形的设计灵感来源于目前 EP 雅莹品牌店铺形象中的圆环。圆形给人以稳重优雅的感觉。在历来被很多人运用过，但是我不希望很直白地去使用圆形，我想要创造一些更加时尚、内涵更强的元素。对于一个品牌来说，在不同的场所、不同的区域使用同一个元素是非常重要的。

Q: 三楼的天花板同样采用了很多圆形元素，十分抢眼。

A: 是的。在整个三层楼的店铺中，一楼二楼都是间接的平顶，如果每一层都是同一个造型的天花板，我想会很乏味，也很难吸引顾客逗留，所以我想要在三楼的天花板造型中创造一个以圆形为特点的但是很精巧的东西，这样让整个优雅简洁的店铺空间中有一股强大的视觉冲击力，顾客抬头仰望的时候可透过天井一眼看到造型天花板，顾客会有一种走上顶楼欣赏的欲望，这正是我们所希望的。

这个天花板设计对 EP 雅莹来说是全新的，我认为在简约的设计中添加一些先锋大胆的东西会点亮整个设计，这种设计让顾客感觉到的不仅仅是优雅和谐，更有惊喜和震撼，好奇心也会驱使他们更长时间地逗留。

Q: 直观的感受就是外形简洁，道具不多。但是更少的道具反而不会给人空荡荡的感觉。

A: 没错，运用尽量少的道具和更简洁的外形，去营造更单纯的环境，这次在道具运用上，我并没有设计很多造型繁杂的道具，而是选取了造型相近的两三种，这样就不会眼花缭乱。简约，让整个店铺显得整体统一，更能突出所展示的商品，并能很好地衬托店铺空间。我始终坚持一个方向，那就是让顾客清晰地记住 EP 雅莹品牌和店铺。更加简化原有店铺的相关设计，使它风格化，从而能更加吸引顾客的眼球。

Q：这是你首次与中国的服装企业合作吗？合作顺利吗？

A：是的，这是我第一次跟中国品牌合作。项目开始后，针对店面结构、设计创意，与雅莹公司的人员进行讨论，通过多次调整、确认，以达到最佳的效果。项目从2011年4月份开始，到12月份完工，期间每个月我来中国一两次。接下来，EP雅莹有一家北京的店铺（北京华贸）也将由我进行设计和装修，我将在杭州文二西路店的基础上，进行形象升级。通过合作，我希望带给这个美丽的中国品牌更丰富、更具开创性的展示空间。

（注：资料来自雅莹内部利物《风尚志》）

第7章
另类的时尚：
潮牌店铺陈列

Fashion brand

Fashion brand

7.1 潮牌概述

潮牌的说法源于日本，直接理解即为符合潮流的品牌。实际上，潮牌文化的根源来自美国纽约曼哈顿的黑人区（哈林区）。这种黑人的文化反映在音乐、涂鸦等很多街头艺术领域中（如图7-1所示），也深深地影响着时尚产业。潮牌风格往往不完全等同于时尚，它比起时尚更前端，甚至是超越时尚的。其特点是颠覆名牌，跨界限量，是一种街头奢华的潮流代表。

图7-1 潮流图案设计

潮牌风格更适合年轻人。“潮”的标准是什么？穿潮 TEE？背名牌包？还是把杂志上说的攻略统统带在自己身上？其实“潮”是一种态度。潮牌产品卖的也是一种文化，一种生活态度。真正的潮牌需要有独到的思想理念和生活态度。重要的是，潮牌需要通过设计体现它的思想，让产品看起来与众不同，以此来迎合品位和个性相符的潮人。为了保证货品新鲜地独一无二，强化个性的表现，潮牌产品通常都是限量发行。当前，潮牌逐渐由小众走向大众，越来越多的年轻人展现自我，融入潮流之中。

下面介绍几个典型的潮牌品牌（见图 7–2）。

A Bathing Ape（简称 BAPE）：香港 I.T 集团拥有的日系街头潮牌。BAPE 以潮流 T 恤起家，由于其设计独特并限量供应，慢慢在日本的潮人中有了名气。A Bathing Ape 全新打造的更加年轻的副线 Aape 也已上市。Aape 是 BAPE 的青年系列，走的是平民化路线，价格相对较低，其目的是让喜爱 BAPE 潮牌文化的青年一代都能买得起。

Comme des Garcons（简称 CDG）：日本知名设计师川久保玲设计的潮流品牌，以街头新潮服饰为品牌特色。

Clot：香港艺人陈冠希在 2003 年创办的服装品牌，他亲自参与服装设计、选料等具体工作。Clot 不仅创作了引领街头时尚的 Clot 潮流服装，更是与众多著名的品牌跨界合作，创作出各种新奇的牛仔裤、鞋和玩偶等。

图7–2 部分潮牌及其品牌LOGO

7.2 潮牌店铺陈列特点

7.2.1 常用的挂架陈列

服装展示需要各式各样的挂架，挂架的主要功能即通过整洁地悬挂来展示服装。不同的店可以根据情况选择不同的挂架，如滑动的、分体的、可伸缩的等。使用时，应注意挂架的造型、性能、色彩与展示的服装相一致。挂架陈列的方式可分为侧挂陈列和正挂陈列。

侧挂陈列是指服装呈侧向挂在货架横竿子上，如图 7-3 至图 7-5 所示。它能较好地保持服装形态，便于消费者在货架中取出多种款式进行比较，具有轻松的类比功能。侧挂陈列服装的排列密度比较大，可以有效地利用店铺的空间。但是侧挂陈列不能完整、直接地展示服装，只有当顾客从货架上取出衣服后，才能看清服装的款式等。因此侧挂陈列时一般要和模特出样或正挂陈列相结合。

图7-3 ROONEY侧挂陈列（1）

图7-4 ROONEY侧挂陈列（2）

图7-5 ROONEY侧挂陈列（3）

正挂陈列，就是将服装以正面展示的一种形式，如图 7-6 所示。其特点是可以进行上、下装的搭配展示，以强调商品的风格和设计来吸引顾客，同时弥补了侧挂陈列不能充分展示服装以及人模陈列受场地限制较大等缺陷。部分正挂陈列的挂钩上可同时挂几件衣服，不仅起到展示的作用，也具有储货的功能。此外，正挂陈列还具有人模陈列的一些特点，在顾客需要试衣时取放也比较方便。

图7-6 洛杉矶潮牌买手店Opening Ceremony 正挂陈列，充满简洁复古的感觉

7.2.2 严格的叠装摆放

叠装陈列是将服装用折叠形式进行陈列，如图 7–7 所示。它展示了服装的部分效果，一沓沓折好的服装，在视觉上是挂装陈列的一个间隔，使店铺的整体陈列看上去更加饱满立体，在节省有效空间与扩充容量的同时，增加了许多视觉趣味，具有变化统一的效果。

图7–7 潮牌店铺的叠装展示整齐干练

在潮流店铺的陈列中，叠装陈列的形式虽有储备货品的功能，但它主要起丰富卖场陈列形式、制造情调风格的作用。相较于其他店铺，潮牌店铺对于服装的叠放有着严格的要求：叠放在一起的服装数量比较少，视觉上显得特别整齐。将服装有规律地平摊在陈列柜上也是潮牌店铺的一种善用方式。

各种陈列方式都有优缺点，店铺根据自身的特点，将几种陈列方式搭配组合，可以弥补单一组合方式的缺陷。从视觉营销角度出发，组合陈列能使店铺整体显得更加丰富、饱满和立体。

7.2.3 分类陈列

分类陈列包含很多方法，就潮牌店铺而言，主要有色彩分类、品种分类和品牌分类。为了满足不同消费者的需求，多系列、多种色彩共存在一个店铺是潮装的一个特点。

色彩陈列分类是指从色彩角度结合产品陈列方法对服装产品进行重新组合排列，创造出符合品牌风格及流行趋势的色彩陈列方案，以达到营销的目的。为了让顾客产生商品品质优良、格调高雅的感觉，可以进行同色系或类似色的组合。如图 7–8 至图 7–10 的标示区域即属于同色系或类似色系（黑、白、灰色系），与此同时，它也运用了陈列中的重复法则——相同或相似形象的款式反复出现，由此可以形成统一的整体形象。服装陈列设计中常用重复的形式，使不同规格、款式的展品做连续均等的陈列，给人以条理性和秩序感，从而使顾客对服装商品产生美好的情感。

图7–8 正侧挂结合陈列

图7–9 按色系重复陈列

图7–10 同色系组合陈列

补色的组合会形成强烈的对比，因此，为了相对弱化反差，使人能够接受，常常需要加入其他过渡色。在组合同类色时，在整体不受破坏的前提下会适当加入少量补色，可以增加整体陈列的跳跃感，在保持规律的同时，赋予一定的变化，给人留下深刻的印象，如图 7–11 所示。

图7–11 补色搭配陈列

间隔排列法是指通过两种以上的色彩间隔和重复产生一种韵律和节奏感，使卖场充满变化，令人兴奋。间隔排列法是在店铺侧挂陈列方式中，采用最多的一种方式。同样的色彩变化或同样的明暗对比反复出现，在稳定中体现色相、明度和彩度的过渡，就产生一种类似音乐节奏的感觉，如图 7–12 所示。

图7-12 间隔排列法

饰品陈列是按照饰品的类别（T 恤、裤子、外套等）进行划分陈列，同类品种摆放在一起。如图 7-13 所示，围巾、鞋子、配件各自陈列在一个区域，显得简洁利落。

图7-13 潮牌买手店铺ROONEY的饰品分类陈列

7.2.4 整体陈列

整体陈列，即不是严格地以分组、分类展示商品（如T恤、夹克、衬衫等），而是以展示服装完整的总体效果为主。因此，模特可以穿着搭配适宜的T恤、夹克或衬衫，也可以通过不同的展台进行搭配。消费者喜欢整体着装效果，这也容易形成连带销售，如图7-14、图7-15所示。

图7-14 整体陈列的局部

图7-15 在挂杆上进行整体陈列

7.2.5 主题背景陈列

潮牌店铺经常按照主题展示服装，使销售卖场形成特定的氛围或者情绪。例如节假日、换季或者某一事件，多成为集中陈列与适时营销的时机；或者根据商品的用途设定主题，在一个特定的环境中陈列服装。潮牌店内经常变换其陈列品，以反映季节更替或者迎合特殊事件的需求，有时甚至可以变换店员的服装来配合不同的场面，使每一特殊的主题都能吸引消费者，从而使得购物更有乐趣。

如图 7–16 至 7–20 所示，美国黑人潮流品牌 BBC（Billonaire Boys Club）与 Ice Cream 两大街头潮牌联合开设的旗舰店幢以极富创意的视觉营销展示了品牌的核心主题风格。店铺占据了一幢四层楼，外立面以 BBC 经典火箭图案作为门牌标志，硕大而醒目，体现了潮牌“店不惊人死不休”的态度。店铺一、二两层以冰淇淋店为灵感进行设计，既符合 Ice Cream 品牌服饰的主题，也给店铺增添了多元化的购物体验。尤其是那些五颜六色

图7–16 BBC香港旗舰店铺外立面的火箭图案

的运动鞋陈列在七彩缤纷的自助雪糕柜台里，柜内镜面反射出鞋身影像，形成丰富的视觉冲击力。

店铺墙上镶嵌名为“Television Man”的电视，不断播放着充满嘻哈文化的品牌短片。店铺三、四楼的 Billonaire Boys Club 品牌陈列继续以太空为主题，将黑色作为墙面主色调，布满星际图案的弧形天花板与看似月球表面的地板相互点缀。顶楼入口处的玻璃柜中，摆放着一只六英尺高的太空人模特，宛如身处火箭驾驶舱，引领消费者体验前所未有的购物玩趣。整个卖场环境都洋溢着潮牌所独具的想象力与时尚态度。

图7-17 BBC香港旗舰店铺一层用冰激凌柜展示运动鞋

图7-18 BBC香港旗舰店铺的内部设计

图7-19 BBC香港旗舰店铺的独特空间造型

图7-20 BBC相关旗舰店铺的顶楼视觉设计

7.2.6 创意陈列

创意是对传统的叛逆，是打破常规与破旧立新的创造，是一种新思维的碰撞，是具有新颖性和创造性的想法。这些对于另类的潮牌来讲，是再需要不过的了。潮牌店铺中的创意视觉陈列常常是在对现实存在的事物的理解及认知基础之上进行否定，并结合自身需要重新定义。由此产生的各种展示技巧将商品的另一面展现出来，最后衍生出一种新的陈列形式。就像图 7-21 中所看到的，Johnny Cupcakes 将时尚产品像食品一同展示出来。这不仅是一种陈列方法，更是一种思维方法。这一方法在潮牌中应用最广，并作为一种新趋势，开始在其他零售商中不断地被推广和使用。

图7-21 Johnny Cupcakes店铺中的冰柜展示

潮流品牌 Johnny Cupcakes 是这种橱窗设计技巧的先驱。它将所有的店面都装潢成面包店的样子（见图 7-21、图 7-22），店门口还挂着写有“新鲜出炉”字样的小黑板。店铺内的一整面墙都以复古食物标签装饰，包括鲜鸡蛋和罐装糖霜的标识等。服装陈列于熟食柜台里，同时用装鸡蛋的纸盒和外卖盒来增添趣味感。

图7-22 Johnny Cupcakes店铺中风趣幽默的视觉效果

另一家潮牌店铺 the Fashion Deli 完全以食物为主题。它将服装展示于百事可乐冰箱、熟食冰箱以及冰淇淋冷冻柜里，如图 7-23、图 7-24 所示。而鞋子和配饰则被置于购物篮、木条箱、蔬菜架或玻璃罐里（见图 7-25）。黑板上有趣地写着“新鲜采摘的棉 T 恤”以及“生煎连帽围巾”的字样，如同在超市购物一般。橱窗里甚至还摆上了桌椅，给路人营造出置身咖啡店的错觉。

图7-23 the Fashion Deli的创意陈列（1）

图7-24 the Fashion Deli店铺的创意陈列（2）

图7-25 the Fashion Deli店铺的创意陈列（3）

7.3 主理人的影响力

潮牌的缔造者和运营者被称为主理人，他们不见得是设计师，却是该品牌风格的灵魂。他们有着自己的穿衣哲学与时髦理念，拥有独特的思想。因此，潮牌的陈列设计往往凸显出主理人的风格偏好与品牌理念。

SMG 是潮牌 Smudge 的简称，也是 Still Moving Under Gunfire 的缩写。SMG 希望能唤起现代城市人的热情，让每个人透过自我的每一步，用这独特的“污点“来实践他们的生活态度。主理人新加坡音乐人林俊杰希望以自己的品牌理念，即“在枪火下仍勇敢地移动着”，把不一样的风格展示并介绍给喜欢潮流的消费者。SMG 的新加坡店铺内部利用黑灰咖啡色系演绎主理人偏爱的军事风格，如图 7-26 所示。店铺家居装潢以实木为主，整体呈现简单的复古风格，店内墙上的 Smudge 的 Logo 更凸显品牌的独特个性和鲜明理念。SMG 品牌在陈列特色 T 恤时，将相应的设计灵感放在

图7-26 新加坡SMG店铺挂杆陈列

图7-27 新加坡SMG店铺静物陈列

旁边，提升了T恤的品牌文化性，见图7-27。

2009年，中国本土的潮流文化刚刚发芽，知名VJ李晨与台湾歌手潘玮柏一同在上海长乐路设立了一家全白色的“实验室”店铺，它就是后来的NPC（New Project Center）店铺的前身。主理人李晨与潘玮柏对流行时尚的理念充分体现在这间店铺的视觉展示中。他们在接受采访时说：我们的理念就像店名一样，就是想带给大家一个实验室的感觉，而且装修和展示的主题也是实验室，所以会看到店铺里面有白色、有试管等一些很具有未来感的东西。

NPC创办至今，已逐渐成为国内顶级潮流店铺。2013年，两位主理人以全新的创意将NPC的品牌精神移植到杭州，在时尚的武林路开设了新店。全新的NPC杭州店一共三层，空间设计以深灰色调为主（见图7-28）；在保留简约风格的基础上，融入当代几何设计，看似随意堆放的摆设陈列其实是由几何图形拼凑而成（见图7-29）。店内配以大量的LED灯作为背景和点缀，令店铺内的货品更为琳琅醒目。此外，店内摆放了多种绿色盆栽和鲜花，整个视觉展示颇对年轻消费群的口味，希望在网购盛行的时代能带给他们愉悦而独特的购物体验。

图7-28 杭州NPC店铺陈列（1）

图7-29 杭州NPC店铺陈列（2）

7.4 产品组合宽而浅

潮牌总是和个性这个词搭配，有个性的物品在数量上总是相对少一些，所以它通常都是限量发行的，这就造成了潮牌店铺的产品组合宽而浅的特点。潮牌店陈列的商品总是给人整齐、干净、有序的感觉。另外，潮牌店往往从整体感与全局性着手，注重店铺的整体美感，力求做到形象鲜明、主题突出、具有强烈的主体和层次。潮牌 PHILIPPE DUBUC 就是其中一个例子（见图 7–30、图 7–31）。

7–30 潮牌PHILIPPE DUBUC店铺陈列（1）

7–31潮牌PHILIPPE DUBUC店铺陈列（2）

科学家认为，人的视觉误差是客观存在的。将同样大小的苹果放置于小孩和篮球运动员手中，就会产生小孩手里的苹果大，而篮球运动员手中的比较小的视觉差。视觉差因比较而产生，利用这一点进行合理的服装陈列，就会让人们在心理上感觉店铺面积较大。例如，零乱无章的服装陈列，就算是在大商场，也会给人狭小的感觉。因此，陈列师没有必要将所有的商品都展示出来。特别是针对面积较小的店铺，摆一两件样品就已足够。

服装陈列所要考虑的不仅是展示效果，还应关注陈列带来的商业提升。要运用空间切割以及功能配置的方法，对整个店铺进行综合的分析与设计。可以说，服装陈列是有原则、无规矩的，各个品牌都应根据自身情况不断改良与创新。

7.5 追求空间感

任何店铺，无论它具有多么复杂的结构，一般来说都是由三个基本空间构成的：第一个基本空间是商品空间，如柜台、橱窗、货架、平台等；第二个是店员空间；第三个是顾客空间。潮牌店应保证让顾客空间尽量大一些，以便顾客随意浏览，看到更多商品，增加更多购买机会。如图 7-32 至图 7-34 所示，SUPREME 纽约店采用入门后直接通地下室和一楼的方式，扩大空间感。

图7-32 纽约SUPREME店铺设计（1）

图7-33 纽约SUPREME店铺设计（2）

图7-34纽约SUPREME店铺设计（3）

潮牌的陈列风格是一种精神，将对生活、对时尚、对潮流的态度融为一体。这种品牌的精神在潮牌中表现得最为强烈。因此，潮牌店铺在陈列风格的选择上都会比较强烈地体现个人（主理人）的喜好。

上海潮牌 SSUR 旗舰店除了参考上海当地的设计风格外，还融入了许多西式的元素，如黑色砖块墙体配合复古的欧美装饰，极具暗黑街头设计感的店铺使得品牌有了更深层次的内涵（见图 7–35 至图 7–37）。

图7–35 上海SSUR旗舰店

图7–36 上海SSUR旗舰店的视觉要素（1）

图7-37 上海SSUR旗舰店的视觉要素（2）

SSUR SHANGHAI 选址于历史上上海法租界的独栋花园洋房，硕大的黑色铁门伴随着独有的私密感，店内墙壁运用整面斑驳的黑色青石，几幅由主理人 RUSS 创作的巨大涂鸦板画使得原本规整的内部结构更具张力。进店的顾客如同处于一个神秘却不失条理的暗黑空间，又似走入一个 RUSS 专属的艺术空间。除了精美的装潢外，店内还设有多幅画作，顾客在这里除了可以购买到 CAVIAR CARTEL 和 COMME des FUCKDOWN 等品牌的产品外，还可以当作画廊来参观，如图 7-38、图 7-39 所示。

图7-38 上海SSUR旗舰店的艺术品展示

图7-39 SSUR上海旗舰店充满艺术氛围的展示空间

7.6 简洁有力的色彩

潮牌店铺个性鲜明，多使用简洁有力的色彩，视觉上具有强烈的冲击力，恰当地使用色彩可以成为店铺陈列的亮点。

如图 7-40 所示，潮牌 Royal Elastics 店铺的正门左边设有一面涂鸦墙，内容会根据品牌的宣传主题定期进行更换；右边的黑色半透明玻璃幕墙，给店铺增加了几分神秘感，激起顾客进店的欲望。走进店内，黑色的墙壁、黄色的木质货柜，加上其间橘色、蓝色等点缀色，使整个店铺的色彩更加亮丽动感，顾客一进门，就能感受到时尚的气息。如图 7-41 所示，黄色 LOGO 撞色橘红色集装箱背景板，正对着店门的收银台背景成为整间店铺的最大亮点。

图7-40 Royal Elastics店铺正门

图7-41 Royal Elastics店铺内部

7.7 模特与道具

恰当使用模特，可以更好地凸显品牌风格和理念，彰显个性(如图 7-42 所示)。潮牌更注重服装和服饰的搭配，也更注重细节，例如挽起的裤脚。除了常规的模特展示，潮牌店还会使用一些特别的陈列方法，比如拟人化模特陈列、故事性模特陈列等。

图7-42 英国潮品牌All Saints使用的模特充满酷感

使用道具是为了更好地吸引消费者的视线，使橱窗趣味无穷、突出艺术效果。对于一些常用的普通服装，道具的奇特构思对吸引客户的视线起着至关重要的作用。潮牌店铺就很好地做到了这点。

英国连锁潮牌集合店 size? 旗下合作的潮牌有 60 多个，是英国数一数二的潮店。size? 店铺具有很强的可辨识性，缘由在于店铺空间设计上融入了高辨识度的陈列道具——马、假面模特和印刷木纹的木箱道具。如图 7-43 所示，橱窗上有着醒目的红色 LOGO“size?”和马的标志，它的标识性道具使其在店铺林立的街道上更能聚焦。所以，有时候为店铺寻找一个标识性道具，并用放大化的手法展示它，是店铺设计聚焦关注度的有效方法。

图7-43 英国size? 店铺外观

如图 7-44 所示，Size ? 店铺内部收银台区域及陈列货柜使用了一种印刷有木纹的传统木箱，让中规中矩的木箱焕发新生命，气质上和货品的潮流味道更相配。黑色的马作为一种标识性道具陈列在店铺较显眼的位置，和店铺门口马的形象进行呼应。这种标识性道具带来的强烈视觉冲击让观者对店铺印象深刻。另外，展示模特脸上的狂欢节面具也同样具有强烈的标识性（见图 7-45）。

图7-44 英国size?店铺内部

图7-46 英国size?店铺道具使用

7.8 灯光照明

在服装店铺中灯光起着关键性的作用，同样的产品在不同的照明方法下，比如光的冷暖、照射距离等，所展示出来的视觉效果是完全不同的。服

图7-47 DOOVER STREET MARKET 纽约莱克星顿大厦店照明效果

装店灯光的设计应与商店的整体形象协调一致。潮牌店铺非常注重自己独特风格的陈列设计，因此灯光设计也会结合潮牌本身的服装风格、店铺理念来设计。相较其他品牌，部分潮牌的灯光设计会个性化一些，如图 7-47 所示。

现今，潮牌逐渐由小众走向大众，城市里越来越多的年轻人追赶时尚、展现自我、融入潮流之中。潮牌店铺最大的价值所在是其通过展示设计传递出来的思想精神或生活态度。为了体现年轻人的标新立异，它们更追求前卫而富有想象力的设计，通过陈列体现思想，让产品与众不同，以此来迎合潮人的品位与个性。

第8章
展览店铺陈列

Fashion brand

Fashion brand

8.1 展览店铺概述

服装品牌店铺除了在专柜、专卖店等固定的地方进行长期销售外，还有另一种特别的模式：展览店铺。我们可以把展览店铺大致上分为三类：临时店铺、展厅 Showroom、展销会。

8.1.1 临时店铺

临时店铺（Pop-up Shop 或 Temporary Store）是由品牌公司为品牌推广宣传而临时性设计的具有主题、概念、季节、流行、纪念等意义的店铺，又称为限时店、临时店、期间限定店和游击店等。这也是品牌快速市场反应的一种商业模式，能精准地定位短期内的客户需求以及扩大品牌的影响力，它就像“街头快闪”一样具有区域性、时效性等特点。

临时店铺是一种新的销售模式，国外也称它为 Pop-up Shop、Pop-up Retail、Flash Retailing、Guerrilla Store，意思是非长期、不定点的限时展售商店，也有人形容为游击商店、快闪商店。这类商店的商品展期从一天到几个月不等，品牌可能是国际知名精品，也可能是拥有特定消费族群的独特品牌。临时店铺所展现的是另一种生活风格，代表的是生活中的无限可能。最先为人熟知使用这种（限时且不定点销售商品）方法的创始者是 Commedes Garcons 品牌创办人川久保玲。

8.1.2 展厅 Showroom

Showroom 直译为展厅，意译为服装设计师品牌展示厅。它是连接品牌和商业终端的展示桥梁，充当设计师、品牌和买手之间的中介机构。展厅 Showroom 是随着买手店经营模式的发展而发展壮大起来的。从严格意义上来讲，展厅 Showroom 不是零售店铺，而是一种订货或者采购的渠道（distribution），本质上是一种批发的形式。它是生产与零售之间连接的桥梁之一，它是以买手和多品牌集合为核心、从创意到销售的一站式新型商业模式。Showroom 与时装发布会的区别和优势在于：（1）Showroom 是长期展览，买手或者订货商可以随时来参加；（3）Showroom 是静态站，买家可以走近查看产品面料、做工等细节；（2）Showroom 还提供推广宣传等其他服务（如图 8-1、图 8-2 所示）。

图8-1 VDS Showroom 订货会现场

图8-2 Showroom 展厅中的买手在仔细查看产品

8.1.3 展销会

展销会（exhibition）简称展会，是主办方定期举办（通常为每年一期）以参展品牌展示新产品与新技术、会见客户、拓展渠道、传播品牌而进行的大型活动。服装展会更是各大主要服装产业聚集地每年都要举办的活动，并已经形成一种习惯性的商业活动。历史悠久的展会更带有一种象征意义，甚至是节日气氛。如图 8-3、图 8-4 所示，本书作者参加了在西班牙巴塞罗那举办的全球最大的休闲服饰品牌、青少年服饰品牌、街头品牌（Street Wear）的展会——Bread & Butter Barcelona，简称 BBB 展会，英语直译为“面包与黄油”展。该展会近两年已搬回到德国柏林举行（因柏林英文也是以 B 开头，展会简称仍是 BBB）。无论展会地点在哪里，它都已成为一个专业人士心中的信息交流中心和产业盛会。

图8-3 全球最大的休闲服装展BBB的现场

图8-4 本书作者应邀参加BBB休闲服装展会

服装展会与临时店铺、展厅 Showroom 的主要区别和优势在于：（1）规模大，占地广，影响力深远，展览会往往汇集了某一国家、地区或者产业细分中上千家的品牌同时参展；（2）品类丰富，品牌众多，产业链各环节齐全；（3）权威性强，专业度高，产业发展指导性明显。

8.2 展览店铺的主要特点

8.2.1 熟悉而意外的选址

对于展览店铺来说，选址是极其重要的。无论店铺设计得多么绝妙，如果选错了地方，就很难在短期内达到预期效果。例如，在选址上，一些展览店铺会选在消费者的身边，有明确的消费定位，却在意料之外的地方。由于Pop-up Store的可移动性给店铺选址带来很大的灵活性。很多国家的大型购物中心通常都会设在市郊，需要开车才能到达。而Pop-up Store则能够随意选择空地进行搬迁，它们可以开设在离居住社区更近的地方，甚至是市中心的空地上，吸引更多人前去逛街。一方面可以更好地亲近消费者；另一方面又给人带来有惊喜。例如香奈儿针对戛纳电影节的临时店铺、优衣库在地铁站口的临时店铺。

另外，还可以依靠Facebook等社交网站的口碑相传，以及潮流网站和海报的宣传等，在短时间内达到冲击性的宣传效果。

日本潮牌urbanchic在进入中国市场前，先在上海开设了Pop-up Store。urbanchic Pop-up Store选址在上海长乐路一栋楼的楼顶（见图8-5）。这个以重视原创设计与强调自我个性为概念的创意阁楼成为上海年轻设计力量的聚集中心。它以一种独立自我的方式，以毫无功利心的态度提供纯粹、高质的生活方式体验，临时店铺空间内从商品陈列与装置摆放，到音乐选择等细节设计，无一不透露出这样的气质。

展览店铺的选址在国内外大有不同。国外的很多展览店铺会选择广场、

图8-5 urbanchic Pop-Up Store

街边等户外空间，而在国内可供开设一家展览店铺的场地多数都只能是商场内的中庭或者空铺。不过即便如此，商场中庭也仍然有足够发挥的空间。展览店铺可以增加消费者的选择，也能帮助商场保持新鲜感。另外，品牌本身的定位与所在商圈的主要消费群体之间的契合度也是展览店铺在选址的时候需要考虑的问题。例如 Marc Jacobs 通常都会选择定位高端、时尚的商场作为它们开设临时店铺的目的地，但也会有例外，他们也会去一些更偏大众市场的商场，目的是寻找潜在消费者。

图 8-6 所示为著名内衣品牌 Wolford 在米兰开设的展览店铺，该店在一个开放的空间内，很容易被过往的行人所注意。

图8-6 米兰Wolford展览式店铺

8.2.2 成本低，易操作

展览店铺的装修成本很低，不需要做大量的广告宣传，营销预算主要集中在选址租金上，因此，经费预算很少，成本也比较低。它的经营时间一般不超过一年，装修反映原有空间的本意。在远离成熟的商业区，当季和过季商品混合销售，费用由产品的销售支撑，而不附加投资。目前，这一模式主要被大多数奢侈品品牌采用，以折扣的形式销售过季产品，达到摊薄成本的目标。

Bread-Butter-Berlin 时尚展会，店铺设计以木质材料为主，木衣架、木箱子、木相框等十分具有生活气息（见图 8-7）。简单的衣架上挂着

图8-7 Bread-Butter-Berlin时尚展会

色彩鲜亮的服装，木柜中摆放着各种书籍，墙壁上悬挂着简易的吊灯，还有看似老旧的墙壁显得更加亲民，令消费者如同置身在自己的家中，温馨而又无拘无束。

8.2.3 追求形式上的与众不同和个性化

展览店铺风格比传统的时尚店铺更有个性。在欧美很多展览店铺多以艺术画廊的形式展现商品，或者将城市主流风格移至偏远的郊区，而商家也不会担心没有顾客光顾，自有一些忠实的群体会追随而来。展览店铺讲究的是一种娱乐精神，它用各种惊喜刺激着消费者的神经。它更注重品牌形象、产品内外包装、卖场设计及客户服务等方面的投入。从视觉设计入手，制造强烈的第一印象是营造个性化的重要方法。例如，把店铺设计得像一个当代艺术装置空间，让消费者从视觉上被吸引过来；或者就做更多的互动设计，让人们主动地来参与。店铺装修风格通常具有强烈的创意性，致力于营造出一种独特风格的店铺氛围，来吸引消费者的注意。

以 LIBERTY OF LONDON FOR TARGET 期间限定店为例。该店铺如同一个多媒体的室内“花园”，将天然花卉元素和丰富多彩的数字投影相结合。LIBERTY OF LONDON 标志性的印花几乎涵盖了店面的每一处，从背景到柱子再到窗口壁画。同时，布制的超大幅印花横幅被悬挂在了销售大厅之上（见图 8-8）。而巧妙的 TARGET 标识和英国国旗隐藏在图案和灯光之中，旋转的数字影像被投射到超大型的热卖仿制品上，一个茶杯、一件男士衬衫和一把雨伞。并且，在这种“应接不暇”的环境之下，店方展出了一个包括了 12000 种花卉的装饰品，以及其他容纳花卉的印花瓶、雨鞋和托特包的装饰物（见图 8-9）。

图8-8 LIBERTY OF LONDON FOR TARGET期间限定店（1）

图8-9 LIBERTY OF LONDON FOR TARGET期间限定店（2）

8.3 基础陈列

无论店铺的创新性如何，都离不开最基础的方式，利用挂架、叠装等手法结合创意思维进行陈列（见图 8-10）。

图8-10 基础陈列展示

8.3.1 风格营造体现品牌内涵和产品特点

在制造惊喜的同时，展览店铺同样需要尊重品牌的内涵和产品的特点，店铺的风格设计应与产品相符合。因此，哪怕只是筹备一间只运营 1 个月的店铺，也需要了解一个品牌的方方面面，甚至还要研究它的竞争对手，在此基础之上再提出创意。

以意大利牛仔品牌 REPLAY 为例。该品牌产品以独特的手工工艺与剪裁著称，产品从外形到面料处理都加入了设计师对服装独到的见解，一些产品更采用手工制作，自始至终采用二十多道不同的洗涤工艺，使其拥有非凡的品质，令人爱不释手。这样的有着独特文化的传统牛仔品牌在 2007 年的 BBB 展会空间设计中，使用大量的风化后的木板作为墙壁的背景设计，并使用机车的各个零件组成了自己的品牌 LOGO，并选用颜色亮丽的头盔加以点缀，十分富有想象力（见图 8-11）。展区内还搭建了小木屋一样的阁楼，供买手和参展人员休息交流，设计独特，又与品牌的展示风格相符，令人印象深刻。

图8-11 意大利牛仔品牌REPLAY展会中的空间设计

8.3.2 主题风格突出

在不确定的地点、不确定的时间买到喜爱的产品，对于消费者来说更像是一种娱乐或者惊喜。展览店铺开设的主题各不相同。例如，欧美国家很多展览店铺在夏末到万圣节后这段时间集中出现，因此，在许多购物者心中，各种超级英雄服装与橡胶女巫面具都是展览店铺的代名词，而展览店铺自然也会出现许多和万圣节主题相关的店铺陈列。

近年来，国内很多展览店铺的陈列偏好复古怀旧的风格。如图 8-12 至图 8-15 所示，这间杭州的 Showroom 展厅风格以中式主题为主，含有很多古元素，木地板、雕刻的木质陈列架、黑色的笼子以及各式各样的植物盆栽，配以暖黄色的灯光，充满着自然、怀旧而温馨的感觉。

图8-12 杭州买手 Showroom 展厅的空间布局

图8-13 杭州买手 Showroom 展厅挂杆

图8-14 杭州买手Showroom 展厅的饰品展示（1）

图8-15 杭州买手Showroom 展厅的饰品展示

8.3.3 基本元素：限量和限时

时尚型的展览店铺除了能接近消费者，也不失对产品的塑造，它们在这些方面也会有一些自己的独特操作法。比如强调产品的独特性和一次性，销售限量发行的商品，这样更能勾起消费者的好奇心和购买欲。店内的商品总是最新、最前沿的，打破了固有的消费模式，再加上零售模式和事件营销，能够迅速吸引消费者的目光。所以，限时和限量成为展览店铺的两个基本元素。

展览店铺根据目的的不同，在服装陈列的方式上也各不相同。例如，店铺为了使消费者能够一次性看到各式各样的服装，增加选择性，它们会尽可能展示更多的服装款式。而有的店铺为了顾客能够看清服装的款式及细节，店铺陈列的服装便很少，甚至少到服装只是一个点缀，店铺的设计才是重点。

8.3.4 新角色：提升品牌知名度

对于过去的展览店铺，它的主要功能是进行季节性销售或者试验消费者对新产品的反应。而现在，展览店铺多了一个新角色——提升品牌知名度。有的展览店铺根本不卖任何东西，而是作为与消费者沟通的重要渠道。像 Marc Jacobs 在纽约为其香水产品 Daisy 做的临时店，顾客可以在店内听音乐、修指甲、浏览新品，但是要购买商品，则要以“社交参与”作为货币来交换，他们必须在自己的社交媒体中上传店铺的照片来换取香水等产品。等到展览店铺结束后，那些照片会继续在社交媒体上传播并引发讨论，顺便为 Marc Jacobs 完成一轮社交媒体推广，提升品牌的知名度。

另外，有些高端品牌在产品组合上会带去更多单价偏低的配饰产品，让顾客产生一种想要尝试购买，或者以后想买的欲望。在这种情况下，展览店铺扮演了一种在保持品牌高端定位的同时，拓展更广阔消费群体的角色。

8.3.5 提供全新的购物体验

展览店铺不仅有助于低成本地提高新产品的知名度，而且还可以用于产品的销售试验和消费者教育。如爱马仕的临时店有 WORKSHOP 现场指导消费者使用围巾的方法，而 NIKE 的一些临时店则提供跑步和跳舞训练课程。

展览店铺从最初单一的销售功能，到运用它提升品牌价值，再到文化、艺术相结合的创意产业，它不再局限于销售额的大小，更在于为顾客营造在此光顾店铺是一种快乐体验的氛围。

如图 8-16 所示，IT.COMME DES GARCONS 临时店就地取材，营造出一种与众不同的全新体验。

图8-16 IT.COMME DES GARCONS临时店

8.3.6 细节处理

虽然展览店铺属于临时性的，但这并不代表它在陈列上就显得随意，它反而要比普通的店铺要更注意细节，才显得更为精致，才能吸引消费者的眼球。

在美国大众时尚品牌 THE LIMITED 的西安期间限定店铺中，销售架上折叠整齐的各色罗纹高领毛衣呈现出彩虹效果。与其搭配的是超短 A 字形短裙，其中一些采用了平面人字斜纹设计。传统的西装裙通过更新，突出其沙漏轮廓，并作收腰宽腰带细节处理。整套服装被摆放在明亮的壁板下方，并在黑板上为其标上“THE LIMITED 必备品”的营销字样。经典的长袖衬衫、精品开襟毛衣还有以提花垫纬凸纹布为面料的飞行员夹克都是畅销品（见图 8–17）。

图8–17 THE LIMITED西安期间限定店

8.3.7 创意性的道具

展览空间的模特道具大致分为两类。一类是为了完整地展示服装，中规中矩地在店铺中摆设模特。另一类的模特道具对于店铺来说是一种装饰艺术，或坐着，或站着，甚至动作夸张，它可以丰富店铺陈列设计，而模特的姿势更贴近人们真实生活中的活动行为（见图 8–18）。

图8–18 造型独特的艺术模特

展览店铺的道具使用融合了各个方面，有时候它会将生活中的场景夸大地还原到店铺中，有时候它喜欢搞点新鲜玩意，进行天马行空的创新设计，这与概念店有异曲同工之处。如图 8–19 所示，该店铺将仿真的炉火搬进了店铺中，铁锅上放置着各种蔬菜，体现了一种原生态的生活方式。

图8–19 展会店铺中的创意展示设计

第9章
配饰陈列

Fashion brand

Fashion brand

在服装零售店里，配饰不但可以增加即兴销售，也可以更完美地展示店内的主要服装产品，完善品牌形象。饰品店铺的陈列，即将合适的产品以引起消费者视觉兴趣的方式展示在合适的位置，用以满足顾客需求，从而提升销售额。一般情况下，大多数的服装零售小店没有太多各式各样配饰，但也会有一些例外。部分服装零售品牌拥有大型的零售空间，能为其品牌的配饰设立独立的展示空间，如 ZARA、H&M 等。

女士的配饰种类包括鞋子、腰带、拎包、围巾、钱包、首饰等。男士的配饰与女士的种类大多相同，包括鞋子、皮带、公文包、围巾、领带、帽子、手帕、钱夹、手表等。无论是大型还是小型的零售空间，如果能在同样的零售空间里用不同的方式陈列不同的配饰，顾客更容易被吸引，他们的即兴购买欲也会大大增加。

通常配饰品陈列存在一些难点，如产品的款式多、色彩杂、风格各异，很难在店铺中完美展现出来。所以，饰品陈列和服装一样，也需要橱窗，需要主题，需要搭配，需要系列感和氛围营造。你也可以把每个饰品看作是缩小了的服装，仔细观察每件产品的特点和卖点，找到属于它的风格，进行搭配（如图 9-1、图 9-2 所示）。

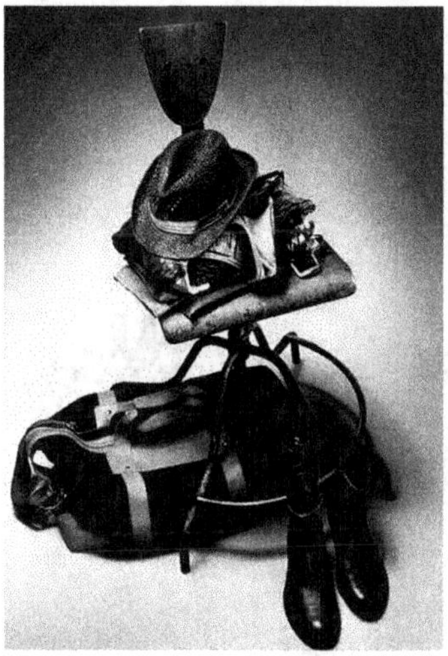

图9-1 Mango品牌的配饰陈列

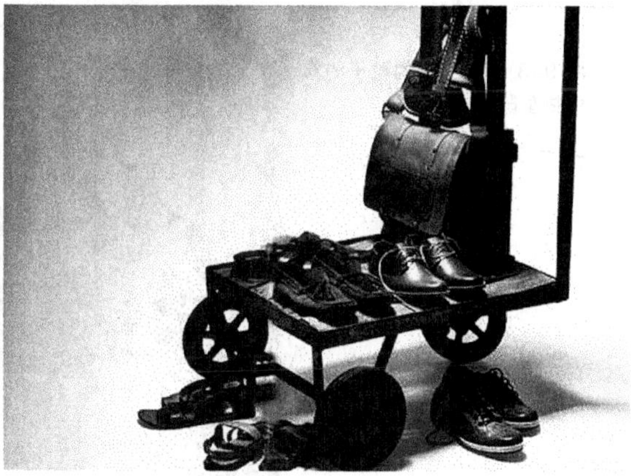

图9-2 Mango品牌的鞋类产品陈列

9.1 配饰的主要陈列方法

9.1.1 集中陈列

集中陈列是将所有配饰集中在同一区域，方便顾客找到所需产品并有效地做出选择。这种传统的配饰陈列可以增加品牌优势。陈列时也可运用主题法，主题可以从色彩、款式、图案、材质、等方面去找，可以集合所有的共同元素的产品进行陈列与搭配（如图 9–3 所示）。

图 9–3 高矮不同的靴子的集中搭配陈列

9.1.2 单品的组合陈列

单品组合在女性服饰用品中被广泛采用，比如鞋与提包、服装、围巾等进行组合。组合陈列可以根据不同的陈列要求，设计出不同的陈列观感。单品陈列一般与关联陈列法一起组合运用，以达到陈列所要诉求的标准。在操作时，组合陈列以刺激消费者购买为主要目的，在体现品牌文化的同时，又从饰品营销的角度体现陈列设计理念。同为组合性陈列，但是展示手法却各不相同。

（1）不同的饰品组合搭配陈列于展台上（平面）（如图 9-4 所示）。

（2）不同的饰品组合不同的道具陈列于展柜（立体）。

图9-4 百货店Bloomingdale's 的MAJE饰品展台展示

9.1.3 配饰与模特道具的搭配陈列

配饰可以在店内的不同区域进行陈列，如将部分配饰与服装搭配陈列。将配饰与店铺内的模特道具或者挂钩和层板上进行关联陈列。例如：鞋子可以陈列在挂裤子的架子下面，鞋子、皮带和肩包也可以陈列在层板上或者在视觉区域内在模特身上体现，当然，也可以与其他陈列道具搭配，等等。

如图 9–5 所示，美国休闲品牌 J.CREW 店铺展示饰品时，将戴有帽子的模特与服装、帽子、拖鞋进行搭配陈列。并且相同款式的多种颜色的同类产品可就近陈列，以便于顾客的多样性选择。

图9–5 J.CREW店铺的帽等饰品的模特展示

9.2 配饰陈列的主要技巧

9.2.1 模特道具陈列

并非所有的配饰陈列都要用传统的方式来展开。模特道具的使用也有很多种方法，一般情况下大致分为五类。

（1）服装搭配相对单一的配饰展示在模特身上（见图 9–6）。

（2）在模特身上进行多样化的饰品展示。如图 9–7 所示，在模特身上绑上腰带、领结，挂上包或者围上围巾，甚至是其他更多的配饰，随意中体现了产品的丰富性。

（3）模特混搭陈列各种配饰。如图 9–8 所示，配饰腰带绑在模特的腰上，搭在肩膀上，或者将很多鞋子绕在模特的脖子上等，增添展示的情趣。

（4）利用局部模特道具陈列较小的配饰（见图 9–9）。

（5）创意性道具陈列，如图 9–10 所示。

虽然大多数的配饰都是较小的产品，但是这些艺术感的陈列方式，如果运用得当，可以形成一个令人惊喜的视觉效果。

图9–6 Macy's 百货店铺的饰品模特搭配

图9–7 Macy's 百货店铺的饰品展示

图9-8 Macy's 百货店铺橱窗展示饰品

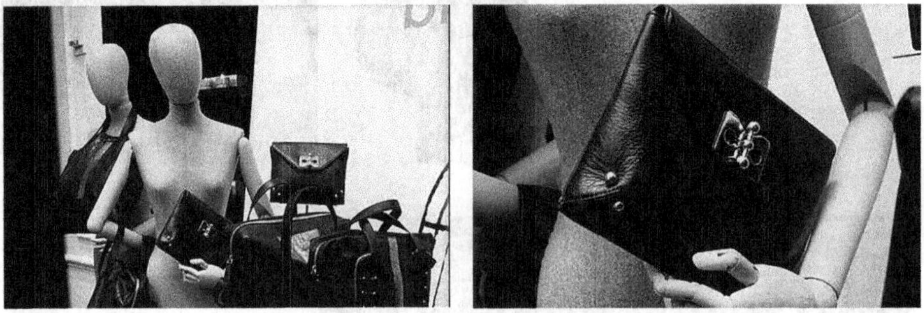

图9-9 品牌The Volver assortment 饰品与模特的关系以及细节展示

配饰品同样是以人为本，以搭配服装来实现最终价值，所以处理好饰品与模特的关系就很是重要，它可以将多种产品的搭配方式直观地传递给消费者，既吸引了顾客，又丰富卖场陈列形式，引领搭配潮流，丰富店面陈列形态。

很小的饰品一般比较难陈列，它们需要借助道具来展示。如图 9-11 所示，一个完整的手臂模型可用来展示手镯等一些小型饰品。值得注意的是：

利用人体的某个部分进行商品的陈列远比简单得将商品放在一个展柜里或者层板上更具吸引力。使用 3 ~ 5 个大小不同高度的模特道具进行组合陈列，也能增加配饰陈列的视觉效果，更好地吸引消费者的目光。

图9-10 马头（创意性道具）

图9-11 &OTHER STORIES 店铺的手臂模特道具

9.2.2 展柜与展台陈列

由于展示需求或对于某些价位较高的配饰，店铺常常会独立地将其陈列于玻璃展柜中，便于顾客发现，也便于保管。我们可以将玻璃展柜看成一种新的展示手段，不仅丰富了展示手段，而且提升了店铺的视觉水平，如图9-12所示。

另外，由于配饰门类在服装店铺SKU数量占比较小，一般都低于10%。所占的比例和面积也较小，因此展台与展柜都主推当季产品，品类应尽量丰富，之间应具有搭配性。

图9-12 &OTHER STORIES店铺以配饰展柜与展台陈列

9.2.3 色彩与配饰陈列的结合

很多顾客在购物时都属于冲动型消费者，引起他们购买冲动的因素除了价格、品种、量感等原因外，饰品的色彩冲击也是重要因素。因此，在陈列饰品时，要注意各种饰品的色彩搭配，将冷暖色调恰当地组合在一起，以吸引消费者的眼球。如图9-13所示，以色彩的韵律及渐变的视觉效果来营造店铺中饰品颜色齐全的感觉；体现产品的丰富及美观度，也可以给顾客更多的选择参考及想象空间，促进销售。

图 9-13 饰品陈列时的色彩律动感

一个应该注意的地方：同花色及同材质的商品就近摆放是提升产品卖点的绝好方法，也是最容易的方法。另外，如果产品过多，在不能一次性完全展示的情况下，可以在不同时段主推产品的不同色系，定期改换陈列方法和位置。这样既可以轮流展示不同的产品，又可以增添新的视觉吸引力。

9.2.4 饰品的创意陈列

1. 创意组合排列

有创意的造型陈列即打破常规和传统的形式，以一个全新的视觉形式展现在消费者面前。例如买手店铺 HIGHLINE 在店铺中设立了一个转角楼梯似的道具专门来陈列鞋子饰品。五颜六色的鞋子串联在一起，像花朵般的造型给服装店铺增添了动感与情趣(见图 9-14)。

图9-14 HIGHLINE创意组合排列：扇形排列（接近半圆形排列方法）+阶梯形排列

2. 构造创意环境

建立特殊的购物环境，对年青时尚品牌来讲十分重要。如图 9–15 所示，潮牌店铺中的饰品柜换成了食品保鲜柜，店铺也改造成了面包坊。可以想象，当消费者进店后发现一件件饰品像美味的甜品一样被置于食品柜中，又像宝贝一样被呵护着，他们的购买欲望一定被激发出来了。当然陈列师在构造创意环境时，也要考虑品牌定位；应该去选择那些可以提升产品档次以及消费者的新鲜感的创意手段。

图9–15 橱柜中的鞋子

3. 创意的道具构成造型

服饰品的陈列摆放常常要与小道具配合出样。与道具的组合造型不仅要疏密得当，还需要充满创意与艺术美感。如图 9-16 至图 9-18 所示，陈列师在展示层板上的鞋子时利用了高矮不同的几何型道具，形成了各自的构成造型。不仅解决了饰品展示易显凌乱的问题，也为店铺增添了视觉上的动感。

图 9-16 Macy's 百货店铺中饰品展示（三角构成）

图9-17 Macy's 百货店铺中的饰品展示（垂直构成）

图9-18 Urban Outfitters店铺的鞋子展示（平行构成）

9.3 配饰陈列细节探究

9.3.1 高低错落 疏密得当

服装产品在外形上都比较相似，使用叠放与挂放两种陈列方法就基本可以了。可是，饰品的大小与形状各异，极不统一，这为终端陈列带来了麻烦。因此在饰品陈列时应该抓住产品的主要特点，找到展示规律，适当地组合陈列。

1. 疏密得当

产品需要事先分组，并按类别摆放，还要适当留白，也要有远、近、高、低的层次感。总体来讲，陈列的手法应该简单规整，利于顾客拿放和店员的及时归位（见图 9-19）。

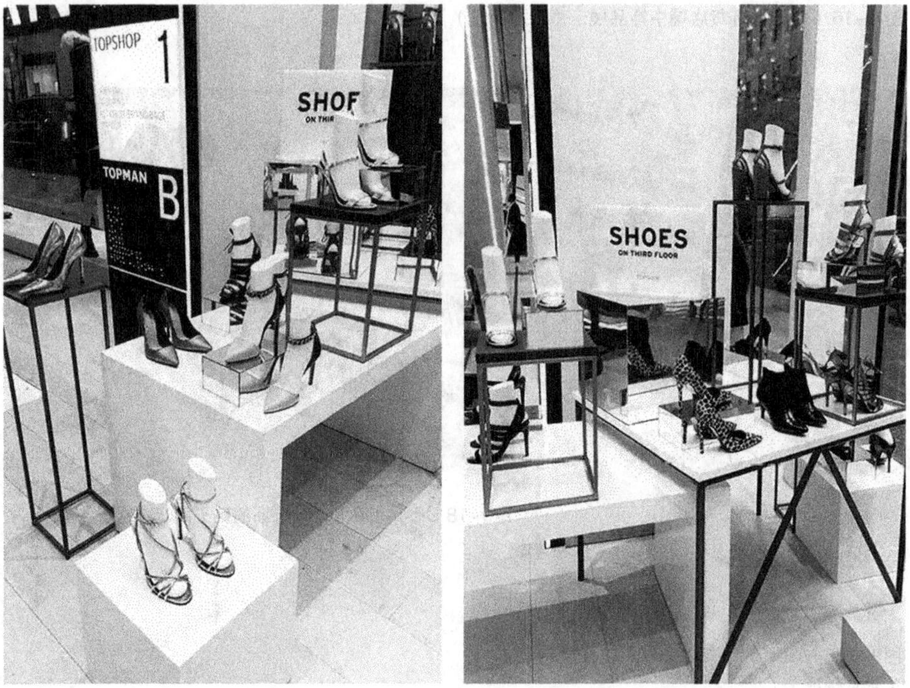

图9-19 英国快时尚品牌TOPSHOP 鞋子陈列疏密得当

2. 使用柜台与展台

随着饰品的门类在服装品牌中所占的销售比重越来越强，饰品展示在零售店铺中的展示要求也越来越高，展示数量也来越多。如何充分利用空间，提升饰品的坪效，同时又可以增添卖场的视觉效果，是很多品牌都在不断研究与实践的。利用定制的展台、展柜将饰品高低错落地摆放，既体现了产品的丰富性，又提升了店面的空间感，是一个不错的方法。

如图 9-20 所示，瑞典快时尚巨头 H&M 旗下的 &OTHER STORIES 品牌十分看重饰品门类，在其纽约新开的店铺中，布满了很多饰品展柜和展台。男女装饰品以及化妆品都整齐地摆放其中，穿插着少量的小型 POP 与植物盆栽，整个饰品展示区充满了时尚的情趣与购物氛围。

图9-20 &OTHER STORIES店铺内部摆放了大量饰品展架

饰品展示的另一个重要原则是要追求“量”的概念。就是说商品陈列要有量感才能引起顾客足够的注意与兴趣，同时量感的陈列也使门店形象变得更生动与更专业。因此，在店面陈列时，应尽量把相同商品按类别进行分类，然后陈列在一起，以产生“量”的概念，如图 9-21 所示。

图9-21 &OTHER STORIES 店铺局部陈列

几乎将所有的服装陈列方式是将服装与配饰进行组合展示，或者配饰与模特道具的搭配陈列等。针对较大店铺，不提倡把产品过分的满店陈列，应该学会“留白”，这样更能凸显品牌文化，刻画品牌形象，增添品牌联想，如图 9-22 所示。

图9-22 店铺内部陈列商品服饰的组合及量感把握

此外，特色的道具和艺术化的装饰也能有效地吸引消费者进店。有些单品，例如手套类的产品，只需要重点展示一至两双就可以了，其他产品要按照款式和色系集中陈列在某个区域，从而有目的地吸引顾客购物。用定做的托盘陈列，既方便顾客挑选又提升产品档次（见图 9-23）。

图9-23 &OTHER STORIES店铺中的定做托盘道具陈列

9.3.2 灯光照明

充分利用饰品店面的灯光，将饰品衬托得更加耀眼夺目。首先，要将饰品陈列在光线较好、视觉效果好、亮度足够的位置，以保证饰品的易见易找；其次，要合理利用射灯，将饰品的优点放大，而不应该将光打在地板上或其他无意义的地方。如图 9-24 所示，当饰品周围充满柔和明亮的灯光时，消费者不由自主地喜欢上那么一两件饰品也是理所当然的了。

充满艺术气息和视觉美感的饰品陈列是成功实现吸引顾客“停留→挑选→购买”连锁反应的关键所在。一个优秀的饰品店陈列方案，可以有效地利用空间，并且能够因地制宜，与成衣风格相符。饰品的陈列与服装产品的陈列存在较大的不同，它不需要很大的空间，但一定是最有效的。此外，必须要跟周围的环境匹配与呼应，造成视觉和谐与冲突的矛盾统一。

饰品陈列的方法多种多样，并各有千秋，我们要做的是不断根据店面类型及品牌定位，结合产品特点进行有针对性的视觉推广。

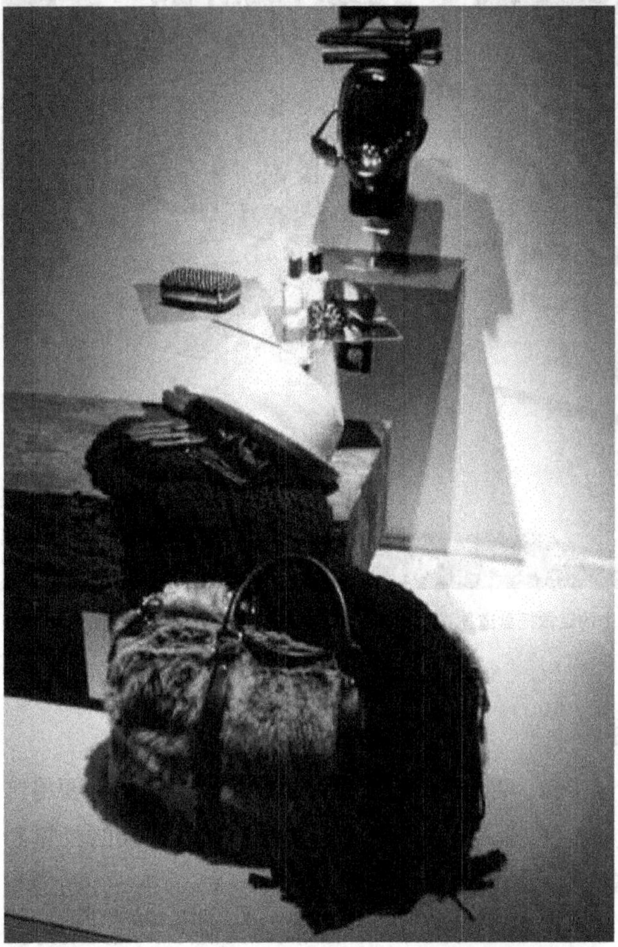

图9-24 ZARA橱窗中灯光下的饰品组合陈列